KB072860

피에르 부르디외와 한국사회

이론과 현실의 비교정치학

차례
Contents

생애와 ^{저작}

생애

    부르디외(Pierre Bourdieu, 1930~2002)는 1930년 프랑스 남서부의 피레네 지방에서 태어났다. 아버지는 유대인으로서 그 지방의 우체국 공무원이었고, 그의 가정은 농촌의 서민적 전통이 깊게 배어 있는 전형적인 소부르주아 집안이었다. 그러던 그가 프랑스의 수재들이 모인다는 파리의 고등사범학교(Ecole normale superieure)에 입학한 것은 대단히 이례적인 일이라고 할 수 있다. 프랑스 사회에서도 학벌경쟁이 여간 심한 것이 아니어서 일류 학교에 입학하는 것은 상층 집안의 자제에게만 한정된 경우가 일반적이기 때문이다. 당연히 부르디외는 대학 시절 파리의 도시 분위기에 적응하지 못했고, 귀족적이고 권위적인 파리의 학교제도나 입학제도에 대하여 대단히 비판적인 생각을 갖게 된다. 부르디외 학문의 일반적인 경향은 1960년대를 전후로 하여 프랑스 사회에 확산되어 있던 지배계급의 문화적 권력양상을 고발하는 것에 집중되어 있는데, 그 중에서도 학교제도에 대한 그의 비판은 대단히 급진적인 편이다. 아마도 학창 시절의 경험이 무의식중에 그의 학문세계에 큰 영향을 준 것이라고 짐작해볼 수 있을 것이다.

한국식으로 말하자면, 그는 가난한 지방 공무원의 아들이었으나 그 지역에서 손꼽히는 수재였고, 엄청난 경쟁을 뚫고 서울의 일류 대학교에 입학했지만 점차 권위주의 정권의 모순과 사회적 병리현상에 눈을 뜨게 되어 결국 학생 데모전선에 가담하게 된 운동권 학생이었다. 이후 그의 학문도 이러한 연장선상에 놓여 발전되었다고 해석할 수 있을 것이다. 그는 1968년 5월에 학생운동이 일어날 당시 이미 대학교수직을 가지고 있었지만, 우리 식으로 말해 소위 운동권 교수 중의 최선봉에 있었고, 그가 출판했던 몇몇 저작은 당시 프랑스 대학의 학생운동에 중요한 이론서 역할을 했다. 그 중에서 대표적인 저작이 『상속자 *Heritier*』이다. 이 책은 프랑스 사회의 계급적 위계질서가 철폐되지 않고 계속해서 재생산되는 기본적인 원인이 바로 학교교육제도에 있다는 사실을 논리적으로 지적하고 있는데, 결국 5월 혁명 당시 학생운동세력은 이러한 부르디외의 주장을 근거로 소르본(Sorbonne)을 비롯한 상층부 대학의 서열제도를 혁파하고 모든 대학을 평등한 공립학교제도로 바꾸어 정부가 직접 재정 문제를 담당하도록 하는 새로운 교육제도를 만들어내기에 이른다.

이처럼 그의 학문과 사상은 프랑스 사회의 제도적 모순과 권력지배에 대한 저항정신으로부터 출발한 것이다. 일찍이 부르디외 스스로도 자신의 학문은 사회투쟁을 위한 도구라고 말하기도 했는데, 이러한 점에서 그는 종종 사르트르와 비교되곤 한다. 왜냐하면 두 사람 모두 그저 상아탑에 묻힌 채 학자로서 진리를 찾는 일에 열중하기보다는 지식인으로서 사회의 병리적 문제를 해결하는 데 적극적으로 동참하고자 했기 때문이다. 또한 두 사람 모두 진보적 지식인으로서 마르크시즘을 통해서 자신의 이론적 기반을 구축하고 있었으며, 철학으로부터 출발하여 문학비평과 같은 다양한 분야에 탁월한 업적을 남겼다는 점, 또 프랑스 대중들에게 대단한 영향력을 준 지식인이었다는 점에서 매우 흡사하다. 그러나 사르트르가 파리의 귀족가문 출신이었던 반면, 부르디외는 농촌의 소부르주아 가정 출신이었으며, 또한 사르트르가 인류의 보편적인 가치를 지식인이 추구해야 할 대상으로 생각한 반면, 부르디외는 구체적인 현장에서 사회적 약자들의 권리를 보호하는 것이 지식인의 임무라고 주장했던 점에서는 일정한 차이를 보이기도 한다. 그러나 끝내 부르디외는 공산당에 입장하지 않았다. 이는 당시의 지식인 사회의 분위기에 비추어볼 때 대단히 이례적인 것이었다.

1955년 철학전공으로 교수자격을 취득한 후, 그는 곧바로 알제리 대학의 조교수로 취임해 간다. 이때 그는 알제리 사회를 대상으로 한 인류학적 작업에 몰두하다가, 1961년에 프랑스로 돌아와 소르본과 릴 대학에서 강의를 했다. 그 후 1964년에는 고등연구원(L'ecole pratique des hautes etudes)의 연구책임자로 근무하게 되는데, 이때 그는 레이몽 아롱(Raymon Aron)과 함께 연구작업을 수행한다. 그러나 얼마 안 되어 스승과의 학문적 견해차로 인해 결별하고, 직접 독립적인 연구소를 만들게 되니, 이것이 바로 유럽 사회학 연구센터(Le centre de sociologie europeenne)이다. 훗날 이 연구소를 중심으로 여러 명의 소장학자들이 모여 수많은 저작을 발표하는데, 1970년대 중반까지 부르디외의 연구작업들은 대부분 이들 소장학자들과의 공동작품이다. 그 중에서 대표적인 사람들로는 볼탄스키(Boltanski), 그리뇽(Grignon), 파스롱(Passeron), 베르데–르루(Verdes-Leroux) 등이 있다.

1979년 부르디외는 『구별짓기 *La distinction*』를 발표한다. 이 책을 통해서 그는 프랑스 학계를 대표하는 최고의 지성인으로 인정받게 되고, 1981년에는 꼴레쥬 프랑스(College de France, 우리 식으로 말하면 한국학술원에 해당한다)의 사회학 분과 위원장으로 취임하게 된다. 또 이 시기를 전후로 하여 그는 미국 대학에 교환교수로 자주 방문하게 되는데, 이에 즈음해 그의 명성은 세계적인 수준에 다다르게 된다.

1980년대의 10년이 학자로서 부르디외의 최전성기였다면,

1990년대의 10년은 참여하는 지식인으로서 부르디외의 전성기라고 할 수 있다. 1989부터 1990년까지의 2년 동안 그는 미테랑 대통령 직속의 자문기구인 교육위원회의 위원장을 맡은 바 있으며, 1993년에는 『세계의 비참』이라는 책을 발표함으로써 프랑스 사회의 빈곤 문제를 직접적으로 다루게 되었고, 1995년에는 미국식 신자유주의 정책에 맞선 프랑스 노동자들의 파업 시위를 지지하는 성명을 발표하는 적극적인 행동을 보여준 바 있다. 이 밖에 1998년에는 「르 몽드 Le Monde」지에 "좌파 중의 좌파를 위하여"라는 논설을 게재하여 조스팽 정권의 중도정책을 보수적인 것으로 낙인찍는 급진적 해석을 보여주었고, 2000년에는 세계화에 반대하여 이태리 밀라노에서 결성된 '비판과 급진주의자들의 연대(forces critiques et progressistes)'에서 중요 지식인의 한 사람으로 활동하였다. 그러던 중 그는 지병으로 2002년 1월 23일 파리에서 사망하였다. 부르디외의 죽음을 두고 「르 몽드」는 프랑스 최고의 지성이 세상을 떠났다며 슬퍼한 바 있다. 비록 그는 사망하였지만, 앞으로 파리에서 뿐만 아니라 영미학계에서도 그에 대한 연구서적과 해석서들을 출간할 계획을 가지고 있다고 한다.

저작

그렇다면 부르디외는 어떤 책을 썼으며, 그의 문제의식은 어떻게 발전되어왔는가? 사실 부르디외가 1958년에 생애 첫 저작을 내놓은 후 2002년에 목숨을 다하기까지 매년 한 권의 저서와 여러 편의 논문을 꾸준히 발표했던 만큼, 그가 발표한 책과 논문을 모두 정리한다는 것이 그리 쉬운 일은 아니다. 따라서 여기에서는 그의 문제의식을 몇 개의 시대구분을 통해서 살펴보고, 각 시대를 대표하는 문제의식과 저작의 내용을 설명해보도록 하자.

제1기 : 알제리에서의 경험

그는 철학전공으로 대학을 졸업했다. 한국의 교육체제와 달리 프랑스의 엘리트 교육은 특정한 전공 분야가 없이 학부를 마치는 것이 보통인데, 이때 인문-사회계열의 학생들이 중요한 분야로 생각하는 대상이 바로 철학, 역사, 문학이다. 부르디외도 이러한 기초 학문을 이수하고 대학을 졸업했지만, 그 후 인류학으로 그의 관심 분야를 확대해간다. 1950년대 후반, 부르디외는 군복무를 대신하기 위해서 알제리에 있는 대학에서 몇 년간 조교로 근무하게 되는데, 이때 그는 카빌(Kabyle)이라는 마을에서 원시부족사회의 결혼제도와 물물교환제도를 연구하는 민속학적 연구작업을 수행한다.

이 시기에 부르디외가 특별히 관심을 가졌던 분야는 서구의 자본주의문화가 알제리에 이식되었음에도 불구하고, 알제리 사람들은 왜 자본주의제도에 쉽게 적응하지 못하고 있는지를 이론적으로 설명하는 것이었다. 이때 부르디외는 아비투스(Habitus)라는 개념을 동원하면서 알제리 사회제도의 변화와 그러한 새로운 제도에 적응하지 못하는 알제리 사람들의 습성과 태도 사이의 괴리를 설명한다. 아비투스라는 개념에 대해서는 뒤에서 보다 세밀하게 설명할 기회가 있을 것이다. 다만 여기서 잠시 지적하고자 하는 것은 인간의 행동은 엄격한 합리성과 계산을 근거로 행해지기보다는 일정한 기억과 습관 그리고 사회적 전통의 영향을 받는다는 사실이다. 따라서 자본주의가 경제의 근간으로 알제리 사회에 이식되었음에도 불구하고, 사람들은 과거의 물물교환경제에 익숙해 있던 습관, 기억 그리고 사회적 전통에 따라서 행동하는 것이 보통이고, 이러한 관행이 변하기 위해서는 대단히 오랜 시간이 걸린다는 것이다. 이러한 내용을 잘 요약하고 있는 책이 우리 학계에 번역된 바 있는 『자본주의의 아비투스 *Algérie 60*』이다.

이러한 부르디외의 설명방식은 당시의 학계 분위기에서 보면 큰 도전이었다. 당시 프랑스 지식인 사회에서 개인의 행동을 설명하는 철학적 흐름은 크게 보아 두 가지 경향으로 대변되고 있었다. 우선 사르트르(Jean-Paul Sartre)의 실존주의 철학에 따르면, 개인의 행동은 외부적 장애 요인에도 불구하고 실존적 결단에 의해서 이루어지는 것인 만큼, 개인의 행동을 설명하는 데 과거의 기억이나 관습 따위를 고려할 필요는 없다. 반면 레비스트로스(Claude Levi-Strauss)의 구조인류학의 설명에 따르면, 개인들의 행동은 사회적 규범과 규칙에 따르는 것으로 여기에는 일정한 방식이 있다. 따라서 전혀 일관성 없어 보이는 부족 간의 결혼제도나 물물교환에도 이러한 집단적 행위를 뒷받침하는 일정한 규칙을 찾을 수 있다는 것이다. 이러한 실존주의와 구조주의 경향은 실로 사회과학 전반에 영향을 주고 있었으니, 전자의 경향은 미국의 사회학에서 방법론적 개인주의라는 이름으로 유행하고 있었으며, 후자의 경우는 마르크시즘과 같은 계열에서 구조주의 마르크시즘이라는 하나의 분파를 형성하기도 했다.

그런데 부르디외의 아비투스 개념은 이러한 두 갈래의 이론적 흐름을 모두 비판하고, 실존주의와 구조주의 철학의 흐름을 변증법적으로 종합해야 할 필요성을 역설한다. 부르디외에 따르면, 개인의 행동이 주관적 의지를 통해서 실현되는 것은 사실이지만, 여기에는 과거로부터 누적된 사회적 관행이 영향을 주고 있으며, 또 개인행동이 일정한 규칙성을 갖는다는 구조주의의 발상은 그러한 규칙성을 지배하는 근본적인 사회적 관행이 결국 권력과 같은 강제력에 의해서 뒷받침되고 있다는 사실을 간과하고 있는 것이다. 이것은 실존철학의 전통에서 생각했던 것처럼 개인의 이성 능력이 무한하지 않다는 것을 의미하며, 또 구조주의에서 생각했던 것처럼 사회적 규범성이 중립적이고 보편적이라기보다는 계급적 편향이나 권력의 논리에 따라서 불평등하게 형성된다는 점을 말하는 것이다.

대체로 알제리에서 인류학적 연구를 했던 경험은 이후 부르디외에게 두 가지 영향을 주게 된다. 하나는 방법론적인 것으로, 당시 프랑스 지식인 사회를 지배하고 있었던 사변적인 경향을 타파하고, 보다 실증적인 연구작업을 수행하는 것이 학자로서의 임무라는 생각을 갖게 만든 점이다. 당시가 사르트르나 레이몽 아롱 등이 지식인 사회를 주도했던 시절이며, 이들이 주로 철학이나 문학을 통해서 현실 문제에 참여했다고 한다면, 부르디외는 이러한 분위기를 비판하면서, 지식인은 보다 구체적이고 실증적인 문제에 천착해야 함을 강조한다. 그가 철학을 벗어나 사회학으로 그의 학문적 영역을 넓혀가게 되는 시점이 바로 여기다.

두 번째는 학문의 임무는 진리를 추구하는 것이라기보다는 사회적 불평등과 모순을 들추어내고, 현실 문제를 해결하는 데 필요한 투쟁의 무기와 같다는 생각을 갖게 만든 점이다. 부르디외의 사상 형성에 적지 않은 영향을 준 사람이 당시 프랑스 마르크시즘을 이끌던 알튀세(Louis Althusser)였다는 점을 감안한다면 부르디외가 지식을 어떻게 생각했는가를 짐작하는 것은 그리 어려운 일이 아니다. 사실 지식을 대하는 이러한 현실주의적 경향은 부르디외에게서 뿐만 아니라 1960년대를 풍미했던 이른바 반이성주의적 계열의 학자들, 예를 들면 푸코(Michel Paul Foucault), 데리다(Jacques Derrida) 혹은 리오따르(J.F. Lyotar)와 같은 사람들에게서 공통적으로 나타나는 현상이다.

제2기 : 유럽 사회학 연구센터의 창립과 문화연구의 출발

제2기는 알제리 생활을 마치고 프랑스로 귀국한 후인 1960년대 초반부터 1970년대 사이이다. 이때 부르디외는 학문적

열정이 넘치는 소장학자로서 유럽 사회학 연구센터를 설립하고, 제법 풍부한 연구비를 바탕으로 주위에서 자신의 생각에 동조하는 동료와 제자들을 규합하여 그들과 함께 다양한 문화 분야의 연구성과를 축적하게 된다. 특히 이 시기의 중요한 저작들은 주로 교육학과 관련되어 있다. 1964년에 발표한 『상속자』 『학생들과 그들의 공부 Les étudiant et leurs études』, 1970년에 발표한 『재생산 La reproduction』 등은 공통적으로 프랑스 교육제도를 비판하고 있는 저작들인데, 이미 언급한 바와 같이 『상속자』는 1968년 당시 대학생들이 소르본 중심의 대학 서열제도를 비판하고, 고등학교제도를 전면적으로 개편할 것을 요구하는 데 중요한 이론적 지침서 역할을 했던 책이다. 또 『재생산』은 마르크시즘의 전통에서 교육제도를 비판한 저서인데, 미국 쪽에서 이 책이 가장 먼저 번역되었던 까닭에 미국이나 한국학계에서는 부르디외를 교육학자로 간주하는 경우가 종종 있다.

그렇다고 이 시기에 발표한 저작들이 모두 교육학에 국한된 것은 아니다. 이때야말로 부르디외의 학문적 관심사가 폭발적으로 증가하여 실로 다양한 분야의 연구업적을 남긴 시기이며, 이즈음에 그의 연구 대상은 문화 영역 전체를 관통하게 된다. 예를 들어 『중간계급의 예술 Un art moyen』 『예술을 사랑하기 L'amour de l'art』 등이 대표적인 저작이며, 그 밖에도 「상징재화의 시장 Le marche des biens symboliques」 「예술적 시각의 사회적 이론에 대한 요인들 Elements d'une theorie sociologique de la perception artistique」과 같은 논문들이 당시 부르디외의 학문적 관심사를 잘 보여주는 대표적인 글들이다.

이러한 저작과 논문을 관통하는 공통적인 문제의식은 사람들이 대단히 일상적이고 개인적인 취향이라고 생각하는 문화활동, 예를 들면 사진찍기(『중간계급의 예술』의 주요 연구 대상이다), 박물관이나 그림 전람회에 가기(『예술을 사랑하기』의 중요한 연구 대상이다) 따위들의 일정한 취향이 사회계급을 유지시키며, 궁극적으로는 사람들로 하여금 자신의 계급적 정체성을 인정하게 만드는 사회적 기제가 된다는 것이다. 주말이나 공휴일에 영화관에 가는 사람과 전위예술을 관람하는 사람들의 문화적 선택의 차이는 지극히 개인적이고 우연적이라고 생각하기 쉽지만, 예술이나 문화작품에 대한 해석 가능성은 사회 내의 계급적 위치에 따라서 길들여져 강요된 것이라는 것이 부르디외의 설명이다. 어떤 작품을 좋아한다는 것은 그 작품에 대해서 사회적으로 인정된 평가를 수용한다는 의미를 가지며, 이러한 맥락에서 예술작품에 대한 선호는 이미 사회적 세계관이나 정치적 판단과 밀접하게 연결되어 있다는 것이다.

부르디외의 작품 중에서 『중간계급의 예술』은 1960년대에 폭발적으로 보급된 사진기라는 것이 어떤 식으로 일반 대중에게 사용되는지, 또 사진작품을 평가하는 대중들의 예술적 감각은 어떠한지를 계급론적인 시각에서 분석하고 있는 작품이다. 사진찍는 행위에 무슨 계급적 편차가 존재하는 것일까라고 반문할지도 모르지만, 예컨대 사진기를 들고 다니면서 중

명사진을 찍는 그룹과 풍경이나 정물을 찍는 그룹 사이에는 분명 일정한 가치관의 차이가 존재한다고 볼 수 있다. 이것은 '좋은 사진작품'과 '나쁜 사진작품'이라는 평가를 내리는 예술적 판단에도 동일하게 적용된다.

부르디외는 주로 미술작품이나 사진이라는 대상을 통해서 문화활동의 계급적 구분을 밝혀냈지만, 이러한 논리는 모든 문화활동에 그대로 적용될 수 있다. 한국적인 예를 통해서 말해보자면, 영화 관람에 있어서 할리우드의 폭력물을 선택하는 사람과 전태일의 일대기를 그린 영화를 선택하는 사람의 차이는 분명 사회적 가치관의 형성과 밀접하게 연결되어 있을 것이며, 나아가 민중미술을 좋아하는 사람과 피카소의 전위예술을 좋아하는 사람에게도 일정한 정치적 판단이 작동하고 있다고 말할 수 있다. 이때 이러한 생각과 판단의 차이는 그들이 어떤 가정에서 출생했고 어떤 학교를 다녔는가에 따라 크게 달라진다. 다시 말해 출신 배경이나 학벌이라는 요인이 사회적 가치관은 물론 예술에 대한 취향마저도 결정하는 것이다. 이것은 뒤에서 보다 상세히 설명하겠지만, 출신 가정을 통해서 획득할 수 있는 인맥관계나 학교 졸업장을 통해서 얻을 수 있는 사회적 이득이 존재한다는 사실을 의미한다. 이를 두고 부르디외는 개인의 상징자본의 차이가 취향의 편차를 낳는다고 말한다.

한편, 위에서 설명한 논리가 문화소비의 측면이라면 「상징재화의 시장」(이 논문은 최근에 번역된 『예술의 규칙 *La règle de l'art*』이라는 책에 다시 수록되어 있다)에서 부르디외는 문화적 작품의 생산 과정을 설명한다. 예를 들면 유명한 화가의 그림, 사회적으로 화제가 되고 있는 소설이나 음악들이 생산되는 과정은 그것을 평가하는 비평가들이나 일반 대중에게 소개하는 언론매체와 일정한 연결관계를 가지고 있는데, 이것은 일종의 문화적 권력관계로 이해할 수 있다. 대표적인 예로 마르셀 뒤샹(Marcel Duchamp)의 「변기」라는 예술작품을 보자. 사실 뒤샹의 「변기」는 작가의 기괴한 행동의 결과물이며, 일설에 따르면 뒤샹 자신도 전시회에 출품할 작품을 날짜에 맞추어 준비하지 못했기 때문에 임기응변식으로 변기를 뜯어내어 출품한 것뿐이라고 한다. 그런데 그 변기가 전시회에 출품된 이후 비평가들과 언론매체들은 그것이 미술사에 획을 그은 대단한 작품이라고 논평하기에 이르렀고, 70년이 지난 지금까지도 학생들이나 일반인들은 뒤샹의 「변기」를 명작으로 이해하고 있다. 문화작품이 생성되는 논리는 비단 예술세계뿐만 아니라 문학이나 학문의 세계에서 명작이라고 평가되는 저술 등에도 동일하게 적용될 수 있다는 것이 부르디외의 설명이다.

대체로 부르디외의 저술들은 예술작품을 주제로 한 예술사회학의 연구작업(『예술의 규칙』, 1992)과 학문의 세계를 대상으로 한 지식사회학의 연구작업(『호모 아카데미쿠스 *Homo Academicus*』, 1984)으로 구분되어 발표되었다. 전자에서는 주로 1880년대 당시 플로베르(Flaubert)의 소설이 어떤 방식으로 작가에 의해서 쓰어지고, 그것이 어떤 과정을 거쳐서 문화시장에 소개되었으며, 또 독자들의 반응과 비평가들의 논평들이 작가에게 어떤 영향을 주었는가를 분석해내고 있다. 후자의 경우에는, 프랑스에 있었던 지식인들 간의 논쟁거리가 겉으로는 대단히 순수한 학문적 논의처럼 보이지만, 그 안에는 학자들의 그룹과 파벌의 이해관계를 둘러싼 비학문적 요인이 더 많이 작용하고 있으며, 한 시대의 학문의 장에서 중요한 쟁점으로 부각되는 논쟁거리들이 정치적 영향력 아래서 이루어진 것이라는 사실을 밝혀내고 있다.

사실 부르디외의 학문세계에서 지식의 생성과 유통 문제를 다루는 이른바 지식사회학의 영역은 대단히 중요한 연구 대상이었고, 그는 이와 관련해 단행본뿐만 아니라 여러 편의 논문을 출판한 바 있다. 그 중에서 「마틴 하이데거의 정치적 존재론 L'ontologie politique de Martin Heidegger」(1988)은 하이데거 철학을 구체적인 대상으로 하여 그동안 부르디외가 전개해온 지식사회학의 이론들을 증명했다는 점에서 주목받을 만하다. 이 책은 하이데거의 출신 가정이나 그가 자라온 배경 등을 추적하고, 특히 박사학위 과정을 마칠 즈음 그의 스승이었던 후설(Edmund Husserl)과의 관계, 그리고 신칸트학파가 주도하고 있던 당시 독일 학계의 분위기를 상세하게 조사한 후, 이러한 학문 외적 배경이 어떤 식으로 그의 철학에 영향을 주었는가를 분석하고 있다.

부르디외에 따르면, 하이데거는 보수적인 기독교 집안에서 태어나, 제1차세계대전에 패배한 염세적인 독일의 사회 분위기 속에서 새로운 독일의 재건을 바라는 민족주의적 반동세력으로부터 큰 영향을 받으며 학교를 다녔다. 대학에서는 후설을 중심으로 한 신칸트학파가 전체 학계를 주도한 편이었는데, 하이데거는 이러한 학문적 분위기에 적응하지 못했다. 그러나 그가 자신의 사상을 그대로 표현하는 경우에는 박사학위 논문 통과가 어려울 뿐만 아니라, 학계에서 교수직을 얻는 것조차 불투명해질 우려가 있었다. 따라서 하이데거는 자신의 생각을 대단히 우회적인 방법을 통해서 표현할 수밖에 없게 된다. 철학을 공부하는 사람들 사이에서 하이데거의 『존재와 시간』만큼 난해한 책은 없다는 것이 일반적인 평가인데, 이렇게 그의 책이 난해한 이유가 반드시 학문적인 것에 연유한다기보다는 위에서 설명한 것처럼 정치적인 요인과 밀접하게 연결되고 있다는 것이 부르디외의 독창적인 해석이다. 하이데거의 나치당 가입을 두고도 여러 가지 설명이 가능하겠으나, 결국은 그의 학자로서의 신념보다는 자신이 자라온 배경과 훈련받은 학력 과정이 한 개인의 정치적 판단을 좌우하는 데 결정적이라고 보아야 한다고 주장한다.

　제2기에 해당하는 저작들을 설명하면서 나는 시기적으로 1980년대 이후에 발표된 책들까지 언급했는데, 그 이유는 1970년대 이전에 이러한 책들의 초보적인 문제의식이나 기본 골격이 이미 발표되었기 때문이다. 부르디외의 글들은 다른 철학자들의 경우와는 달리 일정한 형식을 갖춘 한 권의 책으로 발표되기보다는 기회가 있을 때마다 논문의 형식으로 자신의 생각을 발표한 후, 시간이 지난 뒤에 다시 그 논문들을 일정한 문제의식으로 분류하여 책으로 출판하는 경우가 많다. 그는 이미 1970년대 초반부터 유럽 전역에서 사회학자로서 명성을 얻기 시작했으며, 1980년대 이후에는 그 명성이 전세계에까지 확산된다. 일 년에 파리에 있는 시간이 6개월 정도에 불과할 만큼 전세계를 돌아다니며 수많은 강연과 세미나 발표를 했으니, 그의 학문적 업적이 이런 식으로 출판되어야만 했던 이유를 짐작하는 것은 어렵지 않다.

따라서 부르디외의 업적에 관심을 가지고 있거나 보다 본격적인 연구를 수행하고자 하는 사람들은 우선 제2기에 쓰어진 논문들을 먼저 읽어보라고 권하고 싶다. 왜냐하면 한 권의 분량으로 발표된 저작들은 그 내용이나 분량에 있어서 난해하기 그지없고, 논점을 찾아내기가 매우 어려운 반면, 1970년대 이전에 발표된 비교적 짧은 논문들은 그의 원초적인 생각이 무엇인지를 평이하게 보여주고 있기 때문이다. 프랑스의 대표적인 지성들의 글쓰기 양식이 대체로 그렇듯이, 사실 부르디외의 글을 읽어내는 것은 보통 일이 아니다. 데리다나 푸코의 책들이 어렵다고는 하지만, 필자의 경험으로 보자면, 부르디외의 글을 읽고 소화하기 위해서는 그보다 더한 인내력이 필요하다. 프랑스 사람들조차도 부르디외의 불어를 쉽게 읽지 못한다고 한다. 그런 의미에서 부르디외의 저작들을 손쉽게 풀어써 일반 대중에게 알리려는 이 책의 시도는 대단히 위험스러울 수도 있다.

제3기 : 계급연구와『구별짓기』의 발간

제3기라고 구분하여 따로 시대를 나눌 필요가 있을지 의문스럽지만, 1970년대 이후부터 1979년까지 부르디외는 본격적으로 프랑스 사회를 대상으로 문화분석을 수행하면서 계급 문제에 대한 새로운 시각을 정립하는데, 이러한 연구결과를 모아『구별짓기』(1979)를 출판한다. 이 책은 그를 전세계적인 학자로 자리매김시켰다는 의미에서 한 시기로 구분해서 살펴볼 만한 사회학 분야의 대작이다. 프랑스의 어느 중견 학자는『구별짓기』라는 책을 두고, 막스 베버(Max Weber)의『프로테스탄트의 윤리와 자본주의 정신』, 에밀 뒤르카임(Emile Durkheim)의『자살론』과 함께, 지난 150년간 출간된 사회과학 저서 중의 3대 명저라고 평가하기도 한다. 우리나라에서도 2000년에 교수신문사가 선정한 10대 사회학 명저에 이 책이 오른 바 있다.

그렇다면 도대체 이 책에서 부르디외는 무슨 말을 하고자 했을까? 먼저 이 책의 구성을 보자.『구별짓기』는 8개의 장과 결론으로 구성되어 있다. 1장에서는 프랑스가 대혁명을 거친 후 200년이 지났지만, 여전히 귀족적 사회제도를 유지하고 있다는 총체적인 비판을 가한다. 2장과 3장에서는 사회변동의 방법론을 설명하고, 사회학에서 일상세계를 분석의 대상으로 설정해야 하는 이유와 구체적인 문화분석의 사례들을 보여주고 있다.

8장은 문화분석의 사례를 정치적 영역에 적용한 경우이다. 프랑스 사람들이 자신의 계급적 기반과 어긋나는 행동을 하는 것, 예컨대 노동자들이 보수 정당에 표를 던지는 경우가 현대 정치에서 대단히 큰 논란거리가 되고 있는데, 이러한 문제를 설명하는 데 부르디외의 해석은 큰 실마리를 준다. 부르디외는 노동자들이나 민중계급들이 자신들의 가치관과 세계관을 해석하고 표현할 수 있는 언어를 소유하고 있지 못하기 때문에, 실제로 그들의 정치적 투표권의 행사가 왜곡되고 있다고 분석하고 있다. 이론적으로 보면 이는 마르크스(Marx)의 허위의식이나 그람시(Gramsci)의 헤게모니 개념을 실증적인 자료분석을 통해 설명하고 있는 부분이다. 그는 개인들의 의사결정과 정치적 행동을 결정하는 요인은 물질적 조건이 가장 큰 변수이기는 하지만, 여기에 덧붙여 상징자본과 물적 자본의 비율이 어떻게 배분되는가를 고려해야 한다고 강조한다. 예를 들어 경제적으로 풍요로운 사람이지만 상징자본이 빈약한 경우와 상징자본이 풍부하지만 경제적으로 빈곤한 경우를 대비해본다면, 전자는 고졸 출신의 자영업자로 후자는 시골 대학의 교수나 중·고등학교 교사 정도로 선정해볼 수 있을 것이고, 이들이 보이는 정치적 가치 판단이 경제적 변수만으로 설명될 수 없다는 사실을 어렵지 않게 알 수 있을 것이다.

그런 의미에서 부르디외의 『구별짓기』에서 가장 중요한 부분은 현대사회에서 계급의 위치와 그들의 행위를 설명하고 있는 5, 6, 7장의 계급론이다(5장은 지배계급론, 6장은 중간계급론, 7장은 피지배계급론이다). 부르디외에게 계급론은 추상적인 이론체계라기보다는 사회를 분석하는 하나의 시각이다. 따라서 그의 계급론을 이해하기 위해서는 마르크스나 베버 혹은 뒤르카임의 계급론에 대한 기본적인 공부가 선행되어야 한다. 아마도 그의 글이 난해한 이유가 바로 여기에 있다고 하겠다. 그는 자신의 저서에서 마르크스나 베버를 직접 언급하지 않은 채 구체적인 실증분석 사례만을 설명하고 있지만, 이러한 경험적인 작업이 어떠한 의미를 갖는지 알기 위해서는 반드시 고전 사회학에 대한 이해가 갖추어져야만 한다.

계급론에서 나타나는 부르디외의 독특한 시각은 6장에서 전개되는 중간계급론이다. 그에 따르면 중간계급은 지배와 피지배의 양쪽 진영에서 차라리 보수적인 성향을 띠는 집단이다. 사회적 상층부로 상승하고자 하는 욕망이나 자신의 문화적 특성을 지니지 못한 정체성의 상실 등이 그들의 정치적 가치관을 보수적으로 만들어내는 것이다. 특히 부르디외는 중간계급을 연구하면서 그들이 과거에 어떠한 계급 분파에 속했다가 현재는 어떠한 분파로 이동했는가를 고려하는 것이 중요하다고 말한다. 이른바 계급연구에 시간적 요인을 도입한 것이다. 예를 들어 지금 중간계급에 속하더라도 사회적 상층부에서 하강하여 중간계급으로 이동한 경우와 반대로 하층부에서 중간계급으로 이동한 경우에, 이들 모두 통계수치에서는 동일한 범주로 행동유형이 포착되는 것이 일반적이지만, 실제로 그들이 보여주는 사회적 통념과 정치적 판단은 전혀 다르게 나타날 수 있다는 것이다. 즉, 상층부에서 중간계급으로 이동한 경우 과거의 생활방식에 익숙한 나머지 여전히 보수적인

성향을 보이는 반면, 하층부에서 중간계급으로 이동한 경우에
는 생활형편이 나아졌다고 하더라도 과거의 생활습관들이 여
전히 남아 있어 민중계급의 절약정신과 정치적 진보성을 보일
수 있다.

한국적 상황에서 부르디외의 중간계급론은 다양한 해석의
여지를 남긴다. 우선 한국의 일부 지식인 그룹에서는 중간계
급들이 사회적으로 진보적인 성향을 보이는 것으로 생각하는
경우가 있는데, 만일 부르디외의 분석틀이 한국에서도 여전히
적실성을 갖는다면 중산층을 통해 사회변혁을 기대하는 이른
바 중간계급에 대한 낙관론은 수정되지 않을 수 없다. 1980년
대의 민중계급론이 후퇴하고 1990년대에 들어서면서 우리 사
회에서는 시민사회론이 강세를 보여왔다. 이때 시민계급을 구
성하는 사회적 실체가 중간계급이라고 한다면, 과연 시민계급
의 정치적 진보성에 대하여 진지하게 묻지 않을 수 없을 것이
다. 이러한 맥락에서 부르디외의 연구작업은 한국의 중간계급
연구에 중요한 모범사례가 될 수 있다.

또한, 그의 경험적 작업들은 국민의 생각을 물어 정치적 판
단을 결정하는 경우가 많아진 우리 사회의 흐름을 반성해볼
수 있는 기회를 준다. 예를 들어 정부의 정책결정에 대하여 여
론조사가 시행되는 경우, 언론매체는 이러한 통계수치를 오차
범위라는 기술적인 용어로 처리하고 있을 뿐, 실제로 그 여론
조사가 어떠한 변수를 근거로 조작되었는가라는 점에 대해서
는 침묵하는 경우가 많다. 부르디외의 논리에 따르면 한국의

중간계급의 정치적 성향을 알아보기 위해서는 그들의 경제적 위치뿐만 아니라, 학력 정도와 과거의 신분 상태 등을 종합적으로 고려한 후에 설문지의 답안작성과 비교·검토해야 한다. 그런데 우리의 여론조사는 '성인 남녀 1,000명을 대상으로 조사' '한국 남자 중 중산층 500명을 대상으로 한 조사' 등으로 진행되는 경우가 대부분이어서 실제로 한국 현실에 대한 여론의 향배를 정확히 읽어내지는 못하고 있다. 좀더 강하게 표현하면 현재 한국의 여론조사는 조사기관이 자신의 목적에 따라 국민의 생각을 마구잡이로 조작할 수 있는 개연성마저 가지고 있다.

부르디외가 쓴 여러 편의 논문 중에는 「여론이란 존재하지 않는다」 「텔레비전에 관하여」와 같이 민주정치에서 여론과 언론의 유착관계를 고발하는 글들이 많은데, 이것은 그가 현대 민주정치를 대단히 위험스럽게 바라보고 있다는 것을 반증한다. 그는 마르크스가 경제적 영역에서 고발했던 이른바 상품 물신주의가 현대사회에서는 정치적 영역에서 기능하고 있으며, 따라서 오늘날의 정치는 형식에서는 민주적이라고 말할 수 있겠지만, 실제에서는 권력과 돈 그리고 여론조작에 의해서 왜곡되고 있다고 고발한다. 사상적으로 보면 하버마스(Jürgen Habermas)의 공론장의 정치를 정면으로 반박하고 있는 부르디외의 이러한 입장은 오늘날 한국 정치를 새롭게 이해하고 그 미래를 고민하는 데 많은 시사점을 준다고 하겠다.

『구별짓기』의 마지막 결론 부분은 방법론에 대한 논의가 많아 대단히 전문적 지식을 요구한다. 그러나 그의 결론을 1장과 연결지어 해석해보면, 결국 프랑스가 자유·평등·박애를 기본이념으로 하여 혁명을 이루어낸 후 지금까지 200년이 지났건만 현대사회가 과연 이러한 이념들을 제대로 실현했는가는 대단히 의문스러우며, 여전히 보이지 않는 불평등이 사회 곳곳에 남아 있다는 것이다. 그는 이러한 불평등 상태가 과거와는 달리 문화적 생활양식을 통해 개인의 무의식과 습관을 지배하고 있으며, 바로 이러한 연유로 해서 현대사회의 권력관계가 쉽게 가시화되지 않는다고 말한다. 이것이 바로 부르디외가 주장하는 상징적 폭력의 실체이다. 우리는 일종의 보이지 않는 문화권력의 그물망에서 평등의 실체를 망각하고 계급적 불평등에 익숙한 채 살아가고 있다. 이러한 맥락에서 보면 그는 개인이 자율적 이성 능력을 상실했음을 고발한 미셸 푸코와 같은 소위 포스트모던 계열의 학자이며, 계급적 불평등을 강조했다는 점에서 보면 알튀세를 이은 프랑스의 전형적인 마르크시스트라고 할 수 있다.

제4기 : 새로운 윤리의 지평을 찾아서

『구별짓기』에 나타나는 비판정신은 과연 현실 사회에서 구성원들이 준수해야 할 사회윤리가 무엇이며, 이성적 사회를 만들기 위해서 무엇을 해야 할 것인가라는 실천적 질문 자체를 불가능하게 만든다. 부르디외 논리의 극단을 보면 민중계급의 비판의식이나 지식인들의 저항정신 자체가 권력의 효과와 상징적 폭력으로부터 완벽하게 벗어날 수 없다는 해석마저도 가능하기 때문이다. 필자는 종종 포스트모던 계열의 학자들이 우리 사회에서 상대적으로 환영받지 못하는 이유 중의 하나가 바로 미래 사회에 대한 대안을 내놓지 못하기 때문이라는 생각을 한다. 왜냐하면 하버마스나 롤스(John Rawls)의 경우처럼 정책결정이나 시민 사회운동에 실제로 도움이 되는 이론이 나와야 여러 곳에서 그 사용가치가 올라갈 것이기 때문이다. 그런 맥락에서 도대체 지식인이나 피지배계급이 부르주아의 문화권력에 대항하여 어떻게 사회운동을 펼쳐야 하는가라는 영미 쪽 학계의 비판은 부르디외의 학문체계에 실로 치명적이지 않을 수 없다.

이러한 비판들에 대하여 그는 사회학주의(sociologisme)라는 태도로 일관해왔다. 이는 학문적 실천이 모순의 현장을 떠나지 않고 현실 문제에 적극적으로 참여했던 전문적 지식인을 통해서만 가능하다는 의미이며, 특히 사회학자는 구체적인 사실에 대하여 분석하고 설명할 뿐이라는 것이다. 보편적인 진리에 대하여 그는 늘 회의적이었다.

그럼에도 불구하고 1980년대를 지나면서 부르디외에게도 정치적 윤리의 지평을 언급하는 몇 개의 글들이 나타나기 시작한다. 사실 사회학주의를 주장했던 과거의 경력과 비교해보면 이러한 글들은 대단히 철학적이고 추상적인 수준에서 논의가 전개되고 있어, 그의 학문적 흐름에 일종의 변화가 있었던 것은 아닌가라는 느낌을 갖게 된다. 이 시기에 씌어진 대표적인 저작으로 필자는 『파스칼적 명상 *Meditation pascaliennes*』과 논문으로서 「도덕의 역설적 기초」(이 글은 『실천이성들 *Raisons pratiques*』(1994)에 실려 있다)를 꼽고 싶다. 전자는 부르디외 사회학의 인식론적 근거들을 잘 설명해주고 있다는 점에서 그의 이론적 토대를 밝히고 있는 중요한 저작이며, 후자는 포스트모던적 입장에서 윤리의 가능성을 타진하고 있다는 점에서 분량은 짧지만 주목해볼 만한 논문이다.

우선 『파스칼적 명상』을 검토해보자. 이 책은 여섯 개의 장으로 구성되어 있는데 각 장의 제목을 통해서 부르디외가 지금까지 펼쳐온 여러 가지 연구작업의 주제를 살펴볼 수 있다. 먼저 1, 2, 3장에는 그의 지식사회학적 관심사가 잘 나타나 있다. 여기서 특히 부르디외는 하버마스나 롤스, 푸코에 대한 자신의 입장을 밝히고 있다. 『호모 아카데미쿠스』(1984)나 『귀족국가 *Noblesse d'Etat*』(1989)의 실증적인 연구성과를 독해하기 전에 먼저 이 부분을 읽는다면 부르디외의 문제의식을 손쉽게 이해할 수 있을 것이다. 한편 책의 후반부인 4, 5, 6장에는 부르디외 사회학의 인식론이 잘 정리되어 있다. 특히 베르그송(Henri Louis Bergson)이나 메를로 퐁티(M. Merleau-Ponty)의 철학이 자신의 학문에 준 영향력이 간결하게 요약되어 있으며, 부르디외 사회학과 마르크시즘과의 관계들에 대한 언급도 잘 나타나 있다.

이와 같이 부르디외 학문의 지성사적 위치가 바로 서고 나면 「도덕의 역설적 기초」와 같은 글의 학문적 무게가 비로소

느껴지게 된다. 이 글은 과연 칸트철학을 근거로 한 근대적 윤리체계가 오늘날에도 가능한가라는 질문을 던지고 이에 대한 부르디외 자신의 입장을 정리한 것인데, 기본적으로 부르디외의 인식론이 베르그송이나 메를로 퐁티에 있다는 점을 인정한다면, 왜 그가 칸트의 존재론을 쉽게 받아들일 수 없으며, 나아가 이를 근거로 한 윤리론(하버마스의 의사소통론이나 롤스의 정의론이 이러한 부류의 대표적인 형태이다)이 왜 현대사회에서 쉽게 적용될 수 없다고 비판했는지를 이해할 수 있게 된다.

제5기 : 정치행동의 전선에서

1997년부터 2002년 지병으로 사망하기까지 부르디외는 70세를 바라보는 노구를 이끌고 신자유주의에 반대하는 프랑스 노동자운동의 전선에 가담한다. 우리 식으로 생각하면 그 나이면 일선에서 은퇴할 시기이지만, 오히려 그는 현실정치에 더 강하게 참여한 것이다. 수만 명의 노동자들이 운집한 리용역 광장 앞에서 부르디외는 신자유정책을 시행할 경우 결국 미국식 자본주의에 프랑스 경제가 지배당할 것이라고 경고하면서, 조스팽의 제3의 길은 좌파의 문제의식을 상실한 시대적 병폐라고 신랄하게 비판했다. 그리고 그는 자신의 이론이야말로 진정한 의미에서 좌파 중의 좌파임을 강변한다.

한편, 이즈음 부르디외는 새롭게 출판사를 차리고 프랑스 사회현실에 밀착된 몇 권의 책을 출판한다. 그 중에 대표적인 저작이 『텔레비전에 관하여 *Sur la télévision*』(1997)와 『맞불 *Le contre-feux*』(1998)이다. 전자는 현대 정치문화에서 텔레비전과 언론의 역할을 심도 깊게 파헤친 글로서, 출판 당시 프랑스 사회에 커다란 파문을 일으킨 바 있으며, 후자는 2000년 12월에 있었던 노동자 파업과 지식인들의 대(對)정부 투쟁을 두고 프랑스 지식인들의 사이에 형성된 좌/우의 이념적 대립을 사회학적으로 분석한 책이다. 두 권 모두 분량은 많지 않지만, 오늘날 한국사회가 겪고 있는 시대적 난맥상과 비교해볼 때 꼼꼼히 읽어볼 만한 책이다.

핵심 개념

부르디외의 저작을 읽고 이해하는 일은 일반 독자들에게뿐 아니라 전문적인 연구자에게조차 대단한 인내력과 지적 긴장을 요구한다. 그의 문체가 워낙 난삽하고 방대하여 읽는 사람으로 하여금 혼동을 일으키게 만들기 쉬우며, 그가 행간에서 다루고 있는 비판적 영역의 분량 또한 엄청나기 때문에, 사회과학이나 인문과학 분야에서 심도 깊은 훈련이 되어 있지 않은 사람은 그의 저작을 읽고 문제의식을 포착해내기가 보통 어려운 것이 아니다. 따라서 독자들의 필요에 따라 부분 발췌를 하는 것이 유용하다.

그런데 이처럼 부분적으로 선택하여 그의 연구성과를 접하는 경우에도 부르디외가 일관되게 사용하고 있는 핵심 개념에 대한 인식론적 탐색을 생략할 수는 없다. 만일 핵심 개념을 정확하게 이해하지 못한 채 그의 경험적인 작업을 읽다보면 도대체 그가 사용하고 있는 통계자료나 현실해석이 어떤 의미를 갖는지 명확해지지 않을 수 있기 때문이다. 이러한 필요성에 따르면 부르디외 학문의 핵심 개념은 크게 다음과 같이 세 가지 정도로 요약될 수 있다.

1. 아비투스(Habitus)
2. 상징적 폭력(violence symbolique)
3. 장(champ)이론과 계급분석

물론 이들 개념 하나하나를 설명하는 것 자체가 서양 지성

사를 전부 꿰뚫어야 하는 방대한 작업을 요구하지만, 적어도
부르디외의 사회학 작업에 주목하여 그가 남긴 비판점과 그 현
실적 대안을 중점적으로 이해하려고 한다면, 이와 같은 세 가
지 개념에 대하여 비교적 간결한 설명을 해볼 수 있을 것이다.

아비투스

근대적 인간관과 아비투스

아비투스라는 개념을 정치사상사적으로 검토해보면 그 원류가 아리스토텔레스에게 있음을 알게 된다. 아리스토텔레스에게는 습관(habitude) 개념이 등장하는데, 이것은 에토스(Ethos)와 헥시스(Hexis)의 두 차원으로 구분된다. 전자가 반복되는 행동에서 비롯되는 기계적인 행위를 지칭한다면, 후자는 도덕적 성향, 곧 덕(virtue)과 관련된 개념이다. 그런데 부르디외가 사회학적 분석 개념으로 사용하고 있는 아비투스 개념에 주목한다면, 우리는 후자의 개념에 관심을 갖지 않을 수 없다. 고대 철학에서 덕이란 특정한 도덕규범에 상응하는 개인적인 행동과 관련되어 있는 것으로, 개인 능력의 가능성을 암시하는 말이다. 다시 말해 덕은 인간의 실제적인 이해관계 내지 이성적 삶을 영위할 수 있는 능력을 가리키는 것이었다. 그런데 근세기에 접어들면서 도덕을 인식하는 철학적 태도가 현격하게 달라진다. 우리는 칸트를 통해서 그 변화를 비교해볼 수 있다.

칸트는 인간이성을 선험적이며 자율적인 것으로 상정한 후, 보편적 인간이라면 누구나가 인정하고 수락할 수 있는 행동양식들을 의무조항으로 설정하고, 이것을 준수하는 것이 바로 도덕이라고 생각했다. 이른바 정언명법(定言命法)이란 인간의 합리적 판단으로부터 유래된 의무조항을 지칭하는 것으로, 여기에는 인간행위의 관습적 측면은 완전히 배제되어 있다. 이러한 맥락에서 보면 인간행위를 이해함에 있어서 근대 철학의 특징은 덕이라는 개념 대신에 이성이라는 개념을 전면에 내세웠다는 점에 있다고 하겠다.

근세기에 들어와 이성이 강조되기 시작했다는 것은 인간행위에 일정한 규칙성이 있다고 생각했음을 의미한다. 이러한 현상은 근대 학문체계가 어떻게 형성되어왔는지를 살펴보면 쉽게 이해할 수 있다. 즉, 정치학이나 경제학 혹은 사회학과 같은 근대 학문은 이해관계(interest), 전략(strategy) 등과 같은 조작적 용어들을 사용하기 시작한다. 예를 들어 미시경제학이 다루고 있는 이른바 파레토 최적(Pareto optimum) 모델은 바로 인간의 경제행위가 예외 없이 자신의 이해관계를 극대화하려는 동기에서 출발한다는 가정을 기반으로 하여 출발하고 있으며, 정치학에서 사용하는 게임이론이나 죄수의 딜레마(Prisoner's dilemma)와 같은 행동이론들은 개인이나 집단적 행위가 자신의 생존을 극대화하려는 전략적 고려를 통해서 결정된다고 단언하고 있다. 이러한 인식론이 현실정치에 미친 영향은 과소평가될 수 없다. 고대사회가 인간이 좋은 삶(good life)을 영위하는 데 관심을 집중했다면, 근대사회에 이르러서는 인간의 이성적 능력을 바탕으로 한 정의로운 삶(just life)을 추구하게 되었기 때문이다. 좋은 삶이 실현되기 위해서 인간의 덕성이 무시될 수 없었다면, 정의로운 삶은 인간의 이성적 능력만으로도 가능하다. 따라서 근대에 이르면 정의를 충족하기 위한 다양한 기준이 만들어지고, 그로부터 이반되는 인간의 삶은 모두 비정상적인 것으로 배제되기에 이른다.

필자는 부르디외가 사회학적 개념으로 사용하고 있는 아비투스 개념은 이러한 근대적 인간형에 대하여 비판적 입장에 서 있다고 본다. 우선 부르디외는 인간의 행위가 단순하게 자신의 이해관계를 실현하는 논리로 환원될 수 없다고 주장한다. 인간행위의 근원을 이해하기 위해서는 과거로부터 유래하는 기억이나 사회적 관습체계, 그리고 이성적 요인으로 축소될 수 없는 감정과 같은 요인이 모두 포괄되어야 한다고 그는 강조한다. 이러한 맥락에서 보면 아비투스는 칸트로 대변되는 근대 철학의 이념형을 거부했던 사상적 맥락에 자리잡고 있다. 예를 들어 영혼과 육체의 이분법에 반대했던 스피노자, 파스칼과 같은 사상가들의 사고 속에 이미 아비투스에 대한 철학적 단초가 존재하고 있었던바, 넓은 의미에서 보면 부르디외는 알튀세나 푸코와 함께 이러한 사상적 계보에 속한다.

아비투스 개념의 구성

좀더 구체적으로 육체의 철학적 전통이 부르디외의 아비투스 개념에 어떻게 각인되어 있는가를 살펴보기 위해서 아비투스 개념을 다시 시간, 육체, 표상이라는 세 가지 하위 구성단위로 나누어볼 필요가 있다.

시간의 문제

우선 시간의 문제와 관련된 부르디외의 작업 중에서 가장 중요한 문건은 알제리 지방에서 수행했던 인류학적 조사와 관련된 것들이다. 예를 들어『실천이론 소고 *Esquisse d'une theorie de la pratique*』(1972)나『실천감각 *Le sens pratique*』(1980)에 수록된 글들이 대표적이다. 이러한 인류학적 작업 속에서 부르디외는 레비스트로스의 구조주의 인류학을 비판하면서 부족 간에 행해지는 원시적인 교환행위를 이해하기 위해서는 시간의 개념을 도입해야 한다고 설명한다. 부족 간의 교환행위는 선물의 주고-받기(don et contre-don) 행위이며, 여기에는 일정한 시간의 지연(délai)이 생기게 마련이다. 그러므로 원시부족 사회에서 물건이나 여자를 교환하는 과정 중에는 일정한 시간의 간격이 존재한다는 사실을 반드시 고려해야만 하는데, 레비스토로스는 이 점을 파악하지 못했다는 것이다. 이것은 현대 사회과학의 약점과도 일맥상통한다. 부르디외는 사회적 주체의 행위가 전적으로 합리적 계산에 의해서 이루어지지는 않는다고 설명하면서 두 가지 요인을 거론하는데, 첫째는 타자의 전략에 따라 개인의 행동이 가변적이라는 점이고, 둘째는 미래에 대한 가능성을 고려하는 시간적 요인이 작용한다는 점이다. 즉, 인간사회에서 전개되는 행위는 마치 게임의 논리와 유사하며, 여기에는 미래와 과거의 시간적 흐름이 독특하게 맞물려 있다는 것이다. 이것이야말로 아비투스 개념의 가장 중요한 속성 중의 하나이다.

육체의 문제

둘째로 아비투스 개념을 이해하기 위해서는 육체의 문제를 고려해야 한다. 객관화된 제도와 조직(부르디외는 이것을 장(champ)이라고 부른다)에서 사회적 구성 요인에 대한 반응으로 작동하는 아비투스가 시간의 영향을 받게 된다고 할 때, 그 영향을 전달하는 매개체는 다름 아닌 육체이다. 이렇게 보면 아비투스란 사회적으로 범주화된 가치가 육체에 각인된 상태를 의미하는 것이다.

이러한 부르디외의 사상적 사유는 메를로 퐁티의 '육체의 철학'에 크게 빚지고 있다. 『지각의 현상학』에서 메를로 퐁티는 개인의 지각이 의식을 통해서 실현되기보다는 육체적 관습을 통해서 이루어지며, 의식 이전에 반복을 통해서 획득된 육체적 도식이 우리들의 일상생활을 지배한다고 말한 바 있는

데, 부르디외가 사회학적으로 분석해내고 있는 생활세계에서 의 아비투스의 변화들은 바로 이러한 육체적 도식이라는 개념을 경험적인 차원에서 응용하고 있는 것이다.

이러한 맥락에서 보면 아비투스의 발현은 계급적 속성과 밀접하게 연결되고 있다. 그렇지만 그것이 반드시 물적 자본 에만 국한되지 않는다는 점에서 부르디외는 전통적인 마르크 시즘의 시각을 넘어서고 있다. 그 특징을 살펴보면, 첫째, 지 배계층으로서 그들은 이른바 '구별짓기'의 아비투스를 보인다. 정제된 언어습관, 우아한 실내장식, 우아한 신체를 유지하며, 의상을 선택하는 경우에도 품위가 기준이 된다. 물론 동일한 지배 분파라고 하더라도 경제자본이 풍부한 경우와 상대적으 로 문화자본이 풍부한 경우, '구별짓기'의 아비투스가 발현되 는 양식은 차이가 난다. 예를 들어 돈 많은 사람들이 고급 외 제차를 선호하거나 화려한 옷을 입고 싶어한다면, 학벌이나 가문을 중요시하는 사람들은 독서나 연극을 선호함으로써 일 종의 귀족주의적 아비투스를 발현하려는 경향이 있다. 둘째, 소부르주아들의 아비투스는 사회적 상승의지와 관련된 엄격 한 의지주의나 과시적 절제주의로 대변되는 경우가 보통이다. 예를 들어 우리 사회에서 하층계급으로부터 중상층에 진입한 사람들의 경우 자식들의 교육을 위해서 부모 세대들이 과감하 게 희생을 감수하는 경우가 종종 있는데, 아마도 이들의 아비 투스가 바로 전형적인 소부르주아의 형태일지도 모르겠다.

반면 민중계급들의 아비투스가 발현되는 과정은 대체로 필연에 대한 감각과 연관되어 있다. 예를 들어 이들은 먹는 음식에서도 기름지고 양이 많은 것을 선택하거나, 실내장식도 깔끔하기보다는 실용적인 것을 원하며, 말투도 거칠고 직선적이다. 그들은 항상 과도한 업무에 지쳐 있어 따로 운동을 하지 않으며, 세련된 몸매도 아니다.

이처럼 아비투스가 계급적 세계관에 따라 결정된다는 사실을 받아들인다면, 한 개인이 아비투스를 습득하는 과정에서 중요한 역할을 담당하는 사회적 기제를 찾는 일이 중요하다. 그런데 부르디외의 눈에는 이러한 역할의 핵심 기제가 바로 일상적인 교육체계로 보인 모양이다. 그래서 그는 줄곧 가정교육과 학교교육의 기능을 강조한다. 특히 사회화 과정을 거치면서 모든 개인은 학교교육 과정을 통과하지 않을 수 없으며, 이때 이른바 2차적 아비투스가 형성된다. 이를 통해 국가권력의 효과가 개인들의 가치관에 자연스럽게 주입되며, 후일 그 영향력은 가정교육보다 훨씬 강하게 남아 있게 된다. 이른바 국가 이데올로기 장치의 정치적 효과는 알튀세의 설명과 달리 의식을 지배하기보다는 개인들의 습관을 통제하는 데서 시작되는 것이다. 이러한 맥락에서 보면 부르디외의 교육사회학에 대한 분석들은 푸코의 『감시와 처벌』에서 근대국가체계가 실행한 생체권력의 메커니즘을 분석한 사례와 매우 흡사하다.

표상(도식)의 문제

셋째로 아비투스의 사회적 기능은 도식(schèmes)의 문제와 직결되어 있다. 개인의 인식과 행동을 결정하는 것은 순수한 지식이 아니라 사회적으로 구성되고 전수되어온 도식이며, 이것은 두 가지 기능을 수행한다. 하나는 문화적 성향을 만들어내는 것이고, 다른 하나는 사회적 행위에 일정한 코드를 형성하는 것이다. 따라서 도식은 사회적 관행의 위반에 일정한 제재 역할을 하게 되고 사회적 행위에 보편성을 부여하는 공식화(officialisation)의 기능을 수행한다. 바로 이러한 도식의 사회적 기능을 통해서 계급적 질서가 재생산되는 것이다. 예를 들어 동일한 아비투스를 소지한 행위자들은 배우자를 선택하거나 직업을 선택할 때, 또는 국회의원을 선출하거나 가구를 살 때 동일한 방식으로 행동하기 위해 서로 협의할 필요가 없다. 자신의 개인적인 취향에 따르고, 또 자기 계획을 그대로 실행에 옮김으로써 각자는 자신도 모르는 채 그처럼 사고하고, 느끼고, 선택하는 수많은 다른 사람들과 일치하게 되는 것이다. 그러므로 지배계급은 자신의 아비투스를 발현함으로써 자신의 계급적 이해관계를 실현하며, 반면 민중계급은 바로 자신에게 익숙한 아비투스로 인해 지배의 논리를 벗어나지 못하고 마는 것이다.

특히 공식화의 기능은 한 사회에서 허용 가능한 사상의 범위와 질서의 경계를 나누는 기능을 수행하는 동시에, 다른 한편으로는 사적 이해관계를 보편적이고 공적인 이해관계로 전화시키는 기능을 수행하는데, 여기서 공적인 언어의 작용이 중요한 역할을 한다. 부르디외의 시각에서 보면 일반적으로 한 사회에는 일정한 가치관을 표상하는 언어자원이 불평등하게 배분되어 있으며, 사회적으로 정당한 언어/정당하지 못한 언어라는 분류가 일상 속에서 당연한 것처럼 고착되어 있다. 공식화의 기능은 바로 정당한 언어가 사회적으로 보편적인 가치를 획득하도록 인준하는 절차인데, 여기에는 다양한 집단 간의 이해관계를 억누르고 은폐하면서 지배계급의 이해관계를 보편적인 것으로 만들어버리는 이른바 상징적 폭력(violencen symbolique)의 논리가 개입한다.

상징적 폭력

불평등이론과 상징적 폭력

부르디외는 현대사회에서 전개되는 지배와 피지배의 불평등한 관계가 개인의 무의식적인 취미생활(아비투스)을 매개로 성립된다는 사실을 보여주기 위해서 상징적 폭력이라는 개념을 사용한다. 이 개념은 마르크시즘의 지성사에서 줄기차게 등장했던 사회적 불평등의 관계를 새로운 관점에서 바라볼 수 있는 인식론적 근거를 마련했다는 점에서 그 학문적 의미를 찾을 수 있다. 초기 자본주의 시대를 살다 간 마르크스에게 사회적 불평등의 문제가 '착취'의 개념으로 귀결되었다면, 자본주의가 일정 수준으로 발전되어 복지국가의 시대로 접어들면서 베버는 '지배'라는 개념으로 이 문제를 포착한 바 있다. 착취가 주로 경제적인 이해관계를 중심으로 생산관계에서 노동의 잉여가치가 불평등하게 배분되는 문제를 지적한 것이라면, 지배는 시장관계에서 상징적 재화, 이를테면 명예나 위신 등을 통해 발휘되는 계층적 위계질서를 설명하는 개념이라고 할수 있다. 그런데 부르디외의 상징적 폭력은 착취와 지배라는 이중적 문제의식을 동시에 담아내고 있는 개념이다. 다시 말해 부르디외에 따르면, 현대 자본주의사회에서 계층적 위계를 규정하는 신분적 질서는 학력이나 가정의 배경으로부터 유래하며, 이것은 나아가 경제적 잉여의 왜곡된 배분으로 이어진다. 특히 이론적으로 상징적 폭력의 개념에 있어 유념할 것은 이러한 신분질서와 착취의 논리가 개인의 무의식적인 취향을 통해 발휘된다는 점이다.

상징적 폭력의 전개방식

그렇다면 상징적 폭력의 전개방식은 구체적으로 무엇인가? 부르디외는 이것을 설명하는 과정에서 일상생활의 취향이 선택되는 방식에 주목하고 이것을 '구별짓기' 전략이라고 이름 붙인다. 다시 말해 계급적 신분질서는 타인과 구분되는 취미생활의 방식을 통해 성립되며, 이것을 통해서 일정한 동류의식이 형성된다는 것이다. 이러한 과정을 설명하기 위해서 사생활 영역을 몇 가지로 나누어볼 수 있다.

예술작품의 감상 : 우선 예술작품에 대한 개인들의 취향이 구성되는 과정을 살펴보자(아래의 내용들은 『구별짓기』 1장을 참조할 것). 사회적으로 인정받는 미술품이나 사진에 대한 독해가 가능하기 위해서는 문화적 코드와 암호에 익숙해질 필요가 있는데, 이러한 과정을 통해서 자연스럽게 한 사회의 지배문화가 피지배문화를 압도하게 된다. 예를 들어 일반인들이 몬드리안의 「브로드웨이 부기우기」와 같은 미술품에 담긴 의미를 해독하는 것은 사실상 불가능하며, 따라서 미술관에서 이러한 추상작품을 감상하기 위해서는 학교를 통해서 전수되는 문화적 코드교육이 필요하게 된다. 그런데 학교를 통해서 일반인들에게 전달되는 미학교육 속에는 일정하게 틀 지워진 세계관이 암묵적으로 전제되기 마련이며, 그것이 한 사회의 문화적 헤게모니를 장악한 지배계급의 취향에 가까운 것이라는 점은 쉽게 짐작할 수 있다. 따라서 주말의 여가시간을 보내기 위해서 영화를 보러가는 계층으로부터 미술관에 가는 계층 사이에는 일정한 계급적 분류효과가 작동한다고 보아야 한다.

사진작품의 감상 : 사진과 같이 개인적인 선호도의 차이를 극명하게 나타내기 쉬운 작품을 보여주고 그에 대한 평가를 조사하는 경우, 개인들의 심미적 취향이 계급적 편차에 의해 조종되고 있음을 확인할 수 있다. 대체로 학력자본이나 출신계급의 편차에 따라 자신의 세계관을 피력하는 능력은 달라진다. 학력자본이 많을수록 고정된 세계관을 탈피하려는 경향이 강한데, 미학적 판단력의 경우에도 이와 비슷한 성향을 보인

다. 사적으로 비참한 현실을 담은 작품, 예를 들어 심한 노동으로 인해 일그러진 노파의 손을 찍어놓은 사진작품의 경우, 하층계급일수록 이러한 작품에 대한 거부반응("너무나 징그러워요" "나라면 이런 사진은 찍지 않을 거예요" 등등)이 많은 반면, 사회적 상층부로 올라갈수록 자신의 의사표현이 강해지는 경향을 볼 수 있다("노동의 신성함을 보여주는 사진이군" "인생의 역정이 잘 표현되어 있어" 등등). 하층계급에서는 주로 작품의 재현 형태에 주목하여 미학의 부정적 성향이 그대로 표현되는 반면, 상층부의 경우에는 추악한 대상도 아름다울 수 있다는 미적 인식의 여유를 보임으로써 하층계급과 차별되는 일정한 성취 지향성과 탁월함을 사회적으로 실현하게 되는 것이다.

이처럼 미술이나 사진작품에 대하여 자신의 감상폭이 넓어진다는 것은 상층부 계층의 사람들의 사회현실에 대한 윤리적 세계관에 일정한 여유가 있음을 말하며, 반대로 하층계급의 사람들은 일방적으로 틀 지워진 세계관에 사로잡혀 새로운 사고의 가능성을 스스로 차단하고 있음을 의미한다. 다시 말해 상층계급이 추악한 대상을 두고도 아름다움을 인정할 수 있다는 사실은 그만큼 하층계급에 비해서 미학적 분류법에 따른 '필요성에 대한 강박'으로부터 자유롭다는 뜻인데, 이것은 역으로 해석해 사회적 헤게모니를 쥐고 있지 못한 계급이 상대적으로 미학적 취향에서 대단히 편협한 경향을 보인다는 것을 말한다.

음악작품의 감상 : 부르디외는 「피아노 평균율」 「랩소디 인

블루」「도나우 강」의 세 곡을 선정하고, 이를 여론조사에 반영함으로써 각각의 음악이 계급적 취향과 맺는 관계를 통계치로 보여주고 있는데, 순서대로 보면 첫 번째 곡은 정통 취향, 두 번째 곡은 중간층 취향, 마지막 곡은 대중적 취향을 반영하는 것으로 조사되었다. 사실 음악이나 회화는 가장 전통적인 문화생활의 영역이며, 따라서 이러한 문화생활에 익숙해지기 위해서는 역시 학교생활을 통한 교육이 있어야만 한다. 따라서 「피아노 평균율」과 같은 작품에 가장 많은 사람들이 선호도를 보인 이유는 이러한 음악이 학교교육을 통해서 빈번하게 연주되고 인용되기 때문이라고 해석할 수 있으며, 이러한 맥락에서 보면 개인들의 취향이라는 것이 얼마나 강력하게 학교교육을 통해서 길들여지고 각인되는가를 알 수 있게 된다.

소비방식의 경우 : 부르디외는 '세 가지 차별화 방식'(『구별짓기』, p.300)이라고 부른 소비구조를 통해서 상징적 폭력의 일부를 설명하고 있다. 즉, 그는 '식료품' '문화=교양' '외모와 상징을 위한 지출'의 세 가지 항목을 들어 취향의 사회적 위계가 결정되는 방식을 보여준다. 예를 들어 식료품에 대한 하층계급의 취향은 육체적 강인함(force)을 키우는 쪽으로 소비되는 반면, 상층계급의 경우는 육체적 형태(forme)를 유지하는 쪽이 선호된다. 이러한 강인함/형태의 이분법적 차별화 현상은 의상이나 언어의 사용법에도 그대로 적용된다.

미적 성향의 경우 : 부르디외는 『구별짓기』의 3장에서 미적 성향을 기준으로 개인의 사회적 정체성을 설명하고 있다. 그

런데 부르디외의 논리에 따르면 미적 성향이란 사회적 조건에 상응하는 것으로서, 이것은 결국 사회적 공간에 할당된 차별화의 속성 그 자체이다. 예를 들어 우리들이 생활 주변에서 흔히 경험하는 여러 형태의 사회적 구분들 중에서 남성/여성과 같은 성별의 분류는 상층/하층, 거칠음/우아함과 같은 기능적 분류나 미적 구분을 통해서 차별화된 속성으로 나타나곤 한다. 따라서 개인의 미적 성향에 관련하는 육체적 도식이란 사회적으로 '이상적인 육체/비정상적인 육체'라는 이분법적 대립을 초래하게 된다. 이러한 분석의 관점은 최근 한국사회에서 일고 있는 성형수술의 사회적 유행을 설명하는 데 유용할 것으로 보인다.

바로 이러한 맥락에서 미적 성향은 상징적 투쟁의 결과물이라고 말할 수 있게 된다. 왜냐하면 육체의 사회적 활용은 일정한 세계관과 가치관을 반영하고 있는 계급적 범주화의 전형적인 양식이기 때문이다. 따라서 지배/피지배의 대립은 물리적 속성을 은폐한 채 가치관의 범주화에서 보다 치열하게 전개된다.

이제 사적 영역의 소비행위나 문화상품에 대한 미적 취향에 대한 사회적 분류를 통해서 몇 가지 중요한 사실을 정리해 보자.

첫째는 문화상품에도 독특한 논리를 가진 경제적 이해관계가 존재한다는 것이다. 따라서 학문적으로는 이러한 상품의 소비자들과 각 상품에 대한 이들의 취향이 생성되는 조건을 확인하고, 특정한 예술작품으로 간주되는 대상을 음미하는 다양한 방식과 함께, 전통적인 것으로 간주되는 감상의 전유양식을 연구해볼 필요가 있다.

둘째는 개인들의 문화적 욕구가 양육과 교양의 산물이라는 사실을 깨달아야 한다. 여러 조사의 경우를 보면 모든 문화적 실천(박물관 관람, 음악회 참가, 독서 등), 문학, 회화, 음악에 대한 선호도는 교육 수준이나 출신계급과 밀접하게 관련을 맺고 있음이 확인된다. 다시 말해 사회적으로 공인된 예술 그리고 각 예술의 장르와 유파 또는 시대의 위계에 소비자들의 사회적 위계가 그대로 대응되고 있다. 이 때문에 취향은 '계급의 지표'로 사용될 수 있는 것이다.

셋째는 개인들의 미학적 취향에 순수함이란 존재하지 않는다는 사실이다. 이것은 인간의 본원적 취향을 강조했던 칸트의 미학이론에 반대되는 것이다. 예를 들어 숭고미를 강조했던 칸트는 계급과 상황을 초월하여 인간이면 누구나가 아름다운 것으로 공감하는 미학적 대상이 있는 것으로 생각했지만, 부르디외는 이러한 순수 취향 뒤에는 사회세계와 분리될 수 없는 계급적 에토스가 존재하며, 아름다운 것과 추한 것 혹은 탁월한 것과 천박한 것을 구별함으로써 스스로의 탁월함을 드러내려는 지배계급의 구별짓기 전략이 존재한다고 주장한다.

넷째, 생활세계의 자연스러운 취미와 습관들은 사회적 차별과 연계되어 있으며, 이것이 바로 계급적 적대를 은폐하는 중요한 과정이다. 결국 차별화(구별짓기)양식은 계급적 구분을 만들어내는 일종의 적대관계, 혹은 지배계급이 피지배계급을 억압하는 폭력의 한 양식이다. 그리고 다시 한번 강조되어야 할 사항은 이러한 사회적 배제의 과정이나 지배의 과정이 경제적 요인뿐만 아니라 문화적 자본, 예를 들어 학력자본, 인적 자본, 가족의 계층적 지위와 같은 상징자본의 소유 여부에 따라서 결정된다는 것이다. 더구나 이러한 계급적 배제와 사회적 지배의 논리가 상징자본의 속성으로 인해 사회적으로 자연스러운 것으로 보이게 되며, 그 결과 현대인들은 자신이 계급지배의 논리에 포섭되어 있다는 사실조차 인지하지 못하고 있다.

상징적 폭력과 학교교육

결국 상징적 폭력이란 한 계급의 문화적 전횡이 어떻게 해서 합법적인 것으로 변형되는가를 파헤치는 데 동원된 개념이며, 부르디외는 이러한 연구결과를 통해서 한 사회에서 지배적인 문화가 바로 지배계급의 문화임을 폭로하고 있는 것이다. 즉, 취향이란 타고난 것이 아니며, 개인들의 매너 또한 문화적 기득권의 차이를 보여주는 것이다. 이러한 맥락에서 문화적 감각의 차이는 곧 투자감각의 차이라고 말할 수 있으며, 이것은 학교교육에 근거하고 있다. 따라서 이러한 상징적 폭력을 가능하게 만드는 학교라는 문화적 매개체가 어떻게 작동하는가를 아는 것이 매우 중요해진다.

간략하게 『재생산』을 중심으로 부르디외가 가지고 있는 학교교육에 대한 입장을 살펴보자. 그에 따르면 학교는 사회적 불평등을 재생산해내는 정교한 과정이다. 극단적으로 말해 노동자들의 아들이 다시 노동자가 되고, 재벌그룹의 아들이 다시 기업의 회장이 되는 이유는 학교가 존재하기 때문이라는 것이다. 이와 같은 계급의 재생산은 두 가지 차원에서 동시에 진행된다. 우선 제도적인 차원에서 교과목의 선택이나 시험제도 혹은 자격증제도 따위가 있으며, 다른 한편으로는 교사들의 학생들에 대한 평가를 통해서 학생 개개인들의 심성과 미래에 대한 기대감이 좌절되는 경우이다.

우선 프랑스의 경우 교과목의 선택은 대단히 정교하게 구분되어 있어, 어떠한 과목을 이수하는가 자체가 장차 어떤 직업을 선택하게 되는가를 결정하게 된다. 예를 들어 인문계 학생의 경우 고급 대학에 입학하기 위해서는 반드시 라틴어나 그리스어를 수강해야 한다. 그런데 고전어에 대한 이해는 사실상 출신 가정으로부터 이미 결정되는 경우가 많다. 즉, 부모의 학력이 높아 어릴 때부터 라틴어나 그리스어에 대한 일정 정도의 훈련이 된 학생들이 수강하는 경우가 대부분이다. 또, 시험제도를 통해서도 출신 배경을 기준으로 한 신분질서의 영향력이 강하게 드러난다. 프랑스의 경우 학교에서 치러지는 시험의 대부분은 면접고사이다. 따라서 학생들은 한 학기 동안 배운 것을 교사들 앞에서 짧게는 30분에서 길게는 2시간 가까이 설명하고 토론해야만 한다. 이러한 과정을 통해서 교사들은 학생들의 매너나 말투 혹은 논리적 구성 수준을 평가하게 된다. 논술시험의 경우에도 프랑스에는 전통적으로 공인된 문체가 있어, 이것을 습득한 학생의 답안지와 그렇지 못한 학생의 답안지에는 일정한 차별이 있기 마련이다. 예를 들어 문화적 자본이 풍부한 가정에서 자란 학생의 경우는 생활습관을 통해서 자연스럽게 고급스러운 말투와 언어구사 능력을 전수받고, 글쓰기 방식도 특별하게 교육받게 된다. 따라서 상층계급의 학생들이 선발 과정에서 상위 그룹에 속하게 되는 것은 너무나 당연하다.

면접이건 논술이건, 거기에 일정한 형식과 논리가 있다는 것은 이미 학교교육 밖으로부터 전제된 문화적 강압효과가 작동하고 있다는 것을 의미하며, 이것은 대체로 가정교육으로부터 유래한다. 학생들의 선발기준은 대체로 지배계급의 가치를 일정 수준 반영하고 있다. 현재 프랑스에서 고급 엘리트 양성기관이라고 불리는 고등행정학교(Ecole normale administrative)나 정치학교(science po)에 입학한 학생들과 만나 얘기를 나누어보면, 그들의 말투나 매너에 일정한 공통점이 있다는 것을 발견하게 되는데, 이러한 성향은 그들이 대학공부를 마치고 사회로 진출한 후에 더욱 강화되는 것이 보통이다.

한편 신분질서의 재생산은 학생을 평가하는 교사들의 시선을 통해서도 가능해진다. 학생들은 학교교육을 통한 선발 과정을 거치지 않을 수 없는데, 교사들은 이때 강력한 권한을 행사한다. 예를 들어 학적부에 학생들의 성적이나 인품을 기술

하는 과정에서 교사들은 학생 개개인을 일정한 성향으로 분류하곤 한다. 그런데 교사들의 세계관은 교사로서의 양성 과정(사범대학의 교과 과정, 교사시험제도 등)을 거치는 동안 학교 외부에 있는 가치관에 물들어 있게 되고, 이것이 학생들의 성향을 재단하는 데 큰 영향을 미치게 된다. 즉, 교사들은 학생들을 평가하면서 뛰어난 학생/성실한 학생, 우아한 행동/거친 행동과 같은 형용사를 동원하기 마련인데, 이러한 수식어에는 이미 귀족적 가치와 소부르주아 가치관이 대립되고 있으며, 자연스럽게 빈민층이나 노동자들의 세계관은 배제되고 있다. 더욱 중요한 것은 학생들의 학습 능력을 평가하는 교사들의 기준들이 대부분 효율성이나 합리성에 근거하며, 이것이 부르주아를 중심으로 한 자본주의사회의 경제적 효율성이나 합리성의 이념을 은연중에 반영하고 있다는 사실이다.

　이러한 평가의 기준은 교사는 물론 학생들도 인지하지 못하지만, 학교제도를 통해 자신들에게 부여된 분류화된 도식(classement)들은 학생들에게 일종의 암시효과를 발휘하여 학교에서 주입된 가치관을 그대로 수용하면서 평생을 살아가도록 만든다. 이러한 수용효과의 구체적인 결과가 바로 상급학교의 진학률이나 직장의 선택으로 나타난다. 대체로 프랑스에서 노동자 계급의 학생들은 중학교에서 고등학교에 진입할 때 90% 이상이 실업계로 방향을 전환하며, 이들 대부분이 전문학교 이상을 졸업하지 못한 채 노동자 계급으로 전락하고 만다. 더구나 학생 스스로가 자신의 진로 선택에 크게 불만을 느끼지 못한 채 순응한다. 다시 말해 노동자들의 아들이 다시 노동자로 전락하는 과정에 엄청난 상징적 폭력이 가해지고 있음에도 불구하고, 정작 당사자들은 이러한 폭력의 수준을 감지하지 못한다는 것이다. 그들은 자신의 진로 선택이 재능에 따른 공정한 결과라는 이데올로기를 암묵적으로 받아들이는 상태에 빠지고 만다.

이러한 맥락에서 보면 학교교육이 자체적인 논리와 고유한 기능을 가지고 있다는 주장은 실로 우스운 얘기가 된다. 교육체계 안에는 경제적 기술주의 논리가 이미 깊게 각인되어 있으며, 자본주의사회에서 헤게모니를 장악하고 있는 부르주아들의 세계관이 깊게 배여 있다. 그러므로 개인들의 성취 지향성이나 학업 능력으로 평가되는 학업성적 또는 상급학교의 진학률은 현대사회의 이데올로기에 불과하다. 개인들의 천부적인 능력에 따라 학교교육이 진행되고, 그에 맞추어 학교진입이 결정되는 것이 아니기 때문이다. 오히려 학교는 계급적 불평등의 관계를 통해 개인들을 선별적으로 배제하고 있는 기관이다. 학교의 중립성과 공정성이라는 이데올로기 안에서 부르주아의 특수성과 불평등한 계급 재생산은 은폐된다.

상징적 폭력과 통치 이데올로기

그런데 사회적 불평등을 개인의 자질부족(불평등)으로 변형시킴으로써 사회적인 불평등 요인들을 자연스러운 것으로 받아들이도록 만드는 일은 급기야 통치의 정당성을 확보하는 차원에까지 확산되어간다. 부르디외의 저작 중에 『국가귀족 *La Noblesse d'Etat*』이 바로 이러한 문제를 규명해내고 있다. 방대한 양의 실증분석을 통해서 그는 학교교육을 통해서 주입된 문화적 불평등이 마지막에는 국가의 권력기관에 진입한 사람들에게 지배의 권한을 인정하는 효과를 발휘하도록 만든다고 설명하고 있다. 프랑스에서는 정치학교, 행정가 전문 양성기관 혹은 기술 관련 행정가를 양성하는 기관이 모두 전문화되어 있는데, 이러한 학교에 진학한다는 것은 중학교나 고등학교에서 대단히 우수한 성적과 품행상황을 얻어내지 못하면 불가능하다. 그리고 대체로 이 학교의 졸업생들이 사회에 진출하여 국가권력의 핵심부를 장악하게 된다. 프랑스 사회의 국가권력기관에 배치된 인력의 분포를 보면 이러한 전문적인 엘리트 양성기관에서 교육받은 사람들이 대부분이고, 이들의 가계 분포를 조사해보면 약 90% 이상이 상층 부르주아들로 구성되어 있다. 그런데 프랑스 국민 대다수들은 이러한 국가권력의 귀족화 현상에 대해서 특별한 이의를 제기하지 않은 채, 단지 그것을 인정하고 받아들인다.

프랑스 사회의 문화적 특수성을 인정하고, 더 나아가 권력 엘리트들이 위기상황에서 보이는 이른바 '노블레스 오블리지 (Noblesse oblige)', 즉 솔선수범하여 공공성의 역할을 실현하는 점을 충분히 인정한다고 하더라도, 200년 전 자유·평등·박애라는 구호를 내걸고 신분제 사회를 철폐하고자 했던 프랑스 대혁명의 이념이 과연 현대사회에서 제대로 실현되고 있는지 의심하지 않을 수 없다. 그래서 부르디외는 오늘날 프랑스 사회가 민주적 정치체제라는 외형을 유지하고 있음에도 불구하고 신분적 질서가 여전히 존재한다고 분명하게 잘라 말하고 있다.

이러한 상황이 반드시 프랑스적인 것으로만 한정될 필요는 없을 것이다. 가까운 일본의 경우에도 근대적 신분질서의 성립은 학교교육을 통한 신흥 부르주아들의 탄생과 밀접하게 연결되어 있으며, 특히 관료시험제도가 국가권력에 진입하는 사람들을 학벌과 인맥으로 통제해왔던 것이 사실이다. 이러한 상황은 한국사회의 경우에도 크게 다르지 않다. 일제시기에는 일본유학을 통한 새로운 지식인 그룹이 형성된 바 있으며, 해방 이후에는 미국유학을 통한 신흥 부르주아들이 새로운 지도계급으로 부상하여 경제개발을 주도해왔다고 볼 수 있다. 물론 한국사회에서 학벌이 권력과 경제적 부의 획득수단으로 치부되었던 것은 유교적 정치질서 이후에 줄곧 변화하지 않은 것이겠지만, 현대사회에서 학벌이 중요한 사회 문제가 되는 것은 모든 계급의 신분 상승 기회가 바로 학교의 서열제도를 통해서 가능하기 때문이다.

상징적 폭력과 한국 문제

그럼에도 불구하고 우리 사회에만 독특하게 존재하는 병리적 현상이 있는데, 그것은 권력 엘리트들이 자생적으로 양성되지 못하고 늘 외국의 문화적 기준에 종속되어 있다는 것이다. 오늘날 한국사회에서는 90% 이상의 관료와 대학교수가 미국에서 유학을 마치고 돌아와 미국의 시각과 기준으로 한국사회의 문제를 바라보고 있을 뿐만 아니라, 초·중·고등학교의 교과에서마저 미국식 교과기준이 그대로 반영되고 있다. 결국 한국의 정치상황에 필요한 건전한 시민교육은 크게 왜곡될 수밖에 없다. 다시 말해 부르디외가 진단한 프랑스 사회 문제가 학교제도를 통한 신분적 위계질서의 재생산이었다면, 필자가 진단하는 한국사회의 교육 문제는 이러한 계급적 질서의 재생산 이외에 서구의 문화적 강압효과가 우리의 일상생활을 지배하는 이른바 오리엔탈리즘 또는 후기 식민지성(post-colonialism) 논리의 중첩이다. 남북관계나 대미외교의 문제가 초미의 관심사로 등장하고 있는 요즈음, 우리 교육의 문제를 해결하기 위해 고민하면서 이러한 두 축의 병리적 현상을 세심하게 일별하고 적절한 해결책을 찾아내는 것은 우리에게 주어진 시급한 과제라고 하겠다.

게다가 한국사회에서는 학교제도를 통해서 매개되는 불평등의 수준이 상징적이라기보다는 너무나 노골적이어서 모든 계급이 서울대학교에 진학하기 위해서 학교공부를 하고 있으며, 그에 대한 실패의 대가를 두고도 흔쾌히 인정하는 수준이라기보다는 엄청난 저항이 있다는 것이 부르디외가 분석한 프랑스 사회와의 큰 차이점이다. 게다가 이제 대학입시의 서열화는 서울대학교가 문제가 아니다. 많은 고등학생들이 미국의 하버드 대학을 자신의 목표로 삼는 실정이 되었고, 대학의 교수 충원 명단에도 서울대학교의 우수한 인재보다는 미국(외국이 아니라 미국이다. 우리 사회에서 미국을 제외한 다른 외국은 문화적 서열화에서 전혀 상대가 되지 않는다. 지적으로 보면 우리는 과거 원나라의 지배를 받던 고려 후기 시대보다 더한 식민지시대를 살고 있는지도 모른다) 대학의 서열제도가 그대로 반영된 '우수한' 학자들의 순서가 올라 있다. 한국사회의 공교육 위기는 이제 고등학교에만 한정되는 것이 아니라 이미 대학사회에까지 확산되었다.

교수사회도 마찬가지이다. 영어로 강의할 수 있어야 직장을 구할 수 있으며, 영어로 논문을 써야 연구비를 배당받고 진급이 되는 상황이다. 미국학계가 분류해놓은 교과목에 따라 정치학을 가르쳐야 하며, 미국의 시각에서 우리의 문제를 바라보는 사람들이 한국의 학계와 언론을 뒤흔들고 있다. 예를 들어 정치발전론과 같은 과목은 1950년대 이후 미국의 헤게모니가 세계를 지배하기 위해 제3세계 국가에게 강요했던 프로파간다의 성격이 짙은 지식임에도 불구하고, 모든 대학의 커리큘럼에 지금까지 빠지지 않고 남아 있다.

이처럼 지식을 두고 전개되는 천박한 기능주의와 사대주의적 풍조는 이제 초등학교로부터 시작하여 대학에까지 영향력을 미치고 있다. 한국사회에서 학교가 계급을 재생산해내는 기제라는 사실은 너무나도 노골적이어서 더 이상 분석할 필요가 없는 지경에 이르고 있으며, 학교제도의 불평등성을 비판하는 목소리는 경제논리에 밀려 이제 더 이상의 큰 울림이 없다. 그래서 개인의 경쟁이 죽음을 불러오고, 계급 간의 격차가 시민사회의 공공성을 모두 쓸어가 버렸고, 그리하여 국가권력에 대한 정당성이나 충성심을 더 이상 찾아볼 수가 없다. 필자가 보기에 한국사회의 교육 문제는 가장 시급하게 해결해야 할 정치적 문제이다.

부르디외의 문화분석이나 교육분석을 통해서 우리가 얻을 수 있는 교훈이 있다. 그것은 다음과 같이 두 가지 정도로 요약될 수 있을 것 같다. 첫째, 교육의 변화가 제도의 개선에만 머물러서는 충분하지 못하며, 학교체제를 둘러싼 기타의 사회적 장이 함께 변화해야 한다는 사실이다. 경제적 효율성의 논리가 이 사회를 지배하고 있는 한 교육의 목표가 인력을 키워낸다는 식의 효율적 인재관에서 벗어날 수는 없다. 교육체계의 변화는 곧바로 사회구성체의 체질변화와 밀접하게 연관되고 있다. 이러한 맥락에서 보면 한국사회가 성숙한 민주화를 이루어내는 것이야말로 교육 문제의 해결을 위한 중대 과제가 아닐 수 없다.

둘째, 제도의 개선은 언제나 개인적인 심성의 변화와 분리되어 사고될 수 없다는 것이다. 학교 교과목을 변경하고 시험제도를 바꾼다고 할지라도, 학교를 통해서 양육되는 개인들의 아비투스가 변화하지 않는다면 학벌폐해를 중심으로 한 계급적 불평등 상황은 결코 개선되지 않을 것이다.

장이론 : 계급분석과 정치변동론

위에서 살펴본 바와 같이 부르디외는 상징적 폭력이라는 단일 개념을 사용하면서도 다양한 사회적 영역, 즉 학교·언론·예술·소비의 영역 등에서 독특한 성격을 가지고 드러나는 사회적 행동들을 동시에 설명하거나, 또는 상이한 영역들 간의 행동들을 이어주는 관계망을 포착하려고 한다. 즉, 소비의 영역에서 귀족적 취향을 보이는 상층계급의 행동을 이해하기 위해서는 우선 동일한 소비 영역 내에 위치하는 다른 계급의 행동논리를 이해해야 할 뿐만 아니라, 상이한 영역(예를 들어 지식의 영역이나 정치의 영역)에서 상층계급의 행동에 영향을 주는 요인도 동시에 파악해야 한다는 것이다. 이것은 사회적 행동의 의미를 일정한 수준이나 단일한 요인으로 환원시켜 설명하려는, 이른바 저속한 마르크시즘의 환원주의에 반대하는 것이다. 이와 같은 사회과학의 방법론을 이해하기 위해서는 부르디외가 제안하고 있는 장(champ)이라는 개념을 자세히 살펴볼 필요가 있다.

그런데 부르디외의 이론체계 안에서 사회적 공간 혹은 장이라는 개념이 언제, 어떤 계기로 등장했는가를 추적하다보면, 그가 베버의 종교사회학에 크게 빚지고 있다는 사실을 알게 된다.

장이론과 베버의 종교사회학

베버는 종교와 여타 사회제도들 간의 관계를 다루면서 모든 가치 영역에 독특한 내적 법칙이 있다는 점을 강조한 바 있다. 더구나 그에 따르면 각각의 영역들 간에는 미리 주어진 일정한 위계서열이 있는 것이 아니라 동등한 차원에서 뒤섞여 서로 '침투하는 관계'를 유지하며, 이러한 과정에서 상호 협조·강화·상충·간섭하는 복잡하고 역동적인 모습이 나타난다. 이러한 관계를 염두에 두고 볼 때 종교연구를 통해서 베버가 우리에게 보여주고 있는 학문적 교훈은, 종교가 여타의 영역에 어떠한 영향을 끼치며, 또한 반대로 다른 영역들은 종교의 영역에 어떠한 영향을 주는가를 연구하는 것이 역사적 변동의 형태와 과정을 이해하는 데 중요한 과제라는 사실이다. 다시 말해 베버의 종교사회학은 종교가 다른 사회적 가치 영역(베버가 상정하고 있는 가치 영역은 다음과 같다. 경제조직, 정치조직, 군사조직, 법체계, 사회계층, 교육, 종교, 윤리, 과학, 음악, 예술, 성)과 맺는 상호관계를 연구함으로써 생활 영역(Lebensbereiche)의 내적 의미의 반목(antogonism of inner meanings)을 분석하고, 이를 근거로 합리화 과정의 다양한 전개 과정을 설명하는 것이 중요한 목표였다.

이것을 방법론의 차원에서 재해석해보면, 베버가 사회적 현상들을 설명함에 있어서 경제나 종교 혹은 정치적 차원의 중요성을 인정함에도 불구하고 이러한 요인들 중에서 어느 하나를 일반적이며 핵심적인 것으로 강조하기보다는 각각의 요인들이 맺고 있는 상호관계를 중요하게 생각했다는 것을 알 수 있다. 즉, 주어진 현상은 다양한 여타 현상들 간의 상호작용에 의해서 '함께 결정(co-determine)'된다는 것이다.

그렇다면 부르디외는 베버를 어떻게 이해하고 있는가? 1971년에 발표된 두 논문 「종교적 장의 발생과 구조」와 「베버 종교이론의 한 해석」에서, 바로 베버에 대한 부르디외의 창조적 해석이 잘 드러난다. 부르디외는 베버의 종교사회학을 해석함에 있어서 다양한 종교적 가치와 요구, 신념 등을 가지고 있는 상이한 사회집단들이 보여주는 행동들에 주목하고, 이것을 계급적, 신분적 위치와 연결시키고 있다. 부르디외는 베버의 종교사회학을 권력의 사회학으로 재해석해낸 것이다.

더구나 부르디외는 베버의 종교사회학을 재해석하면서 종교연구가 문화연구라는 테마로 확장되어야 하는 이유에 대해서 설명하고 있다. 그는 새로운 문화연구의 대상으로 예술의 영역과 지식생산의 영역을 거론하고 있는데, 그에 따르면 문화적 대상물로서 예술이나 지식은 사회질서를 재생산해내는 일종의 지배의 매개체이며, 종교처럼 정신구조와 사회구조를 매개하는 핵심적인 상징체계들이다.

구체적으로 살펴보면 부르디외의 이론 속에 장 개념이 전면적으로 등장하게 되는 계기는 1966년에 발표한 「지적 장과 창조적 기획」이라는 논문이다. 이 논문에서 그는 지적 작품의 창조성은 작가의 순수한 기획이라기보다는 작가가 속한 사회적 요구와 제약 속에서 형성된 것이라는 사실을 부각시킨다. 즉, 창작자가 자신의 작품과 맺는 관계는 '사회적 관계의 체계'에 의해, 더 정확하게는 '지적 장의 구조 내에서 창작자의 위치'에 의해 영향을 받는다는 것이다.

창조적 지식이나 예술작품들은 장 안에 있는 행위자들의 상대적 위치와 장을 지배하는 구조적 규칙의 상호작용이 만들어낸 결과물이다. 지식이나 예술작품들은 학자나 예술가가 속한 사회의 속성과 구조의 규칙들에 따라 일정한 형태를 띠고 나타나기 때문이다. 예를 들어 소위 예술가들은 자신이 속한 계급적 위치에 따라 일정한 교육 과정을 밟게 되며, 이것은 그들에게 공통된 아비투스를 갖도록 유도한다. 그런데 이것은 사회 전체적으로 보면 예술품이나 지식을 대하는 사회구성원들의 사회적 무의식과 같은 역할을 하게 되고, 이것을 근거로 문화재에 대한 가치 판단이 결정된다.

장이론과 자본 개념의 확장

한편, 부르디외에 따르면, 사회는 개인이나 집단들의 무질서한 집합체이거나 계급들의 위계화된 피라미드이기보다는, 서로 영향을 주고받으며 연결되어 있는 수많은 장들이 접합된 다차원의 위치공간이다. 그리고 이러한 장 안에서 개인들은 자신이 점유한 위치에 따라 상이한 행동전략을 펼치게 된다. 이때 행위자들의 위치는 보유자본의 총량과 그 총량의 내부구성에 의해서 결정된다. 다시 말해 행위자들이 보유하고 있는 경제자본과 문화자본의 상대적 비율에 따라 지배적 위치와 피지배적 위치가 결정되는 것이다. 이 대목에서 부르디외의 장이론은 계급이론과 접목되고 있는데, 그가 전개하는 독특한 계급 개념을 이해하기 위해서는 새로운 자본의 개념에 대한 선이해가 필수적이다.

그에 따르면 이윤을 확보할 수 있는 자본의 개념은 현대사회에서 다음과 같은 형식으로 확대될 수 있다. 첫째, 경제자본 : 돈으로 즉각적이고 직접적으로 전환이 가능하고 소유권의 형식 속에 제도화되어 있는 이 자본은 생산의 상이한 요소들(토지, 공장, 노동력 등)과 각종 재화들(자산, 수입, 소유물 등)로 구성된다. 둘째, 정보자본 : 여기에는 문화자본이 포함된다. 정보자본은 받아들여진 정보를 구조화하고 알 수 있게 해주는, 각종 정보와 성향의 저장물(stock)이다. 문화자본은 가족에 의해 전수되거나 교육체계에 의해 생산되는데, 대개 세 가지 상태로 존재한다. 먼저 자연스러운 말투나 몸짓처럼 지속적인 성향으로서 '체화된(incorporé)' 상태이다. 다음으로 책, 미술품 등의 다양한 문화재화로서 '대상화된' 상태이다. 끝으로 지적인 자격을 부여하는 승인된 형식인 학위 속에 '제도화된' 상태이다. 셋째, 사회(관계)자본 : 한 개인이나 집단이 동원하고 활용할 수 있는 사회적인 연줄과 관계망으로서 정의되는 이 자본은 예를 들면, 귀족이라는 명칭 안에 제도화될 수 있다. 이 자본을 소유하기 위해서는 관계를 만들고 관리하는 '사교성의 노동(초대, 집단적 오락, 클럽에의 가입 등)'이 요구된다.

장이론, 계급위치, 국가론

그런데 사회적 장 위에서 개인들의 위치를 결정하는 것은 장 외부에서 오는 접합의 힘까지도 고려해야 한다. 비록 부르디외가 분명하게 밝히고 있지는 않지만 개인의 사회적 위치는 대강 세 가지 기제에 의해서 규정되는 것으로 파악된다. 즉, '자본의 소유 정도' '자본의 구성비율' '국가의 능력'이 바로 그것이다.

첫째, 사회적 행위 주체는 자본의 총량과 자본의 구성비율에 따라 사회적 장에서의 위치가 결정된다. 전자의 경우는 전통적인 마르크스의 계급과 상응하는 자본의 개념이지만, 자본의 구성이라는 개념은 약간 생소하다. 부르디외에 따르면 동일한 자본의 양을 보유한 행위자들을 비교해보았을 때, 그들

간의 자본의 구조가 달라지면 공간 안에서 계급의 위치도 달라지게 된다. 예를 들어 동일한 소부르주아지라고 하더라도 그들의 자본구조에 따라 서로 대비되는 두 종류의 계급 분류가 가능하다. 문화적 자본에 비해서 경제적 자본이 상대적으로 취약한 교수집단은 문화적 자본에 비해서 경제적 자본이 풍부한 상업자 집단과 자본의 총량으로 보면 동일한 계급에 속하나, 자본의 구조에 따라 사회적 위치가 달라지는 전형적인 예이다. 물론 사회적 위치가 달라지면 정치적 의식구조와 취향도 달라진다. 그러므로 사회계급을 이해하기 위해서는 '계급 내의 관계' '계급 간의 관계'를 파악하는 것이 대단히 중요하다. 왜냐하면 소유물의 점유 그 자체가 아니라 소유물이 각각의 사회구성원에게 부여하는 가치와 그에 따른 실천의 구조적 관계가 사회계급을 결정하기 때문이다.

이러한 문제의식은 마르크스의 계급과 베버의 계층이라는 개념을 혼용한 것처럼 보이기도 하는데, 부르디외는 확대된 자본의 개념을 활용함으로써 학문적으로 커다란 성과를 거두어내었다. 즉, 문화자본이라는 개념을 통해서 그동안 하층계급이 자신의 계급적 정체성과 일치하지 않는 정치적 성향을 보이는 사례들을 보다 체계적으로 설명할 수 있는 이론틀을 갖추게 된 것이다. 서유럽의 정치무대에서 1960년대경부터 등장한 바 있는 노동자 계급의 보수화 현상(예를 들면 노동자들이 노동당이 아니라 오히려 부르주아 정당을 지지하는 형태들)이 주로 전통 마르크시즘의 이론틀에서는 허위의식이라는 개념을 통해서 설명되었던 반면에, 부르디외는 노동자들의 정치인식이 문화적인 것과 보다 밀접하게 연결되어 있으며, 이것은 허위의식이 아니라 사회적 가치체계에 노동자들의 정체성이 포섭되어 있기 때문에 나타난 현상으로 설명하고 있다. 그람시 이후 알튀세나 풀랑짜스와 같은 마르크스주의자들이 직감으로 포착했던 부르주아 헤게모니의 영향력을 부르디외는 문화자본이라는 개념을 동원하여 새로운 방식으로 설명하고 있으며, 나아가 노동자들의 사회적 위치를 결정하는 두 가지 기준을 둘러싸고 사회학 내에서 전개되었던 계급과 계층이라는 이분법적 대립구도를 변증법적으로 통일할 수 있는 이론적 통로를 만들어내고 있다.

둘째, 부르디외에게 자본의 구조란 다양한 자본의 종류가 여러 가지 형태로 결합될 수 있으며, 또한 자본의 구성비율에 따른 행위자의 정치적 속성은 본질적으로 유동적일 수 있다는 사실을 인식해야 한다. 이와 관련하여 사회적 장 위에서 집단의 계급적 정체성이 시간의 변화에 따른 자본의 기대감과도 밀접하게 연결되어 있다는 점을 강조해야 한다.

예를 들어 하층계급으로부터 경제력이 상승하여 중간계급으로 이동한 부류와 상층계급으로부터 하락하여 중간계급으로 이동한 부류는 통계수치를 통해서 보면 동일한 계급집단으로 파악되겠지만, 이들의 정치적 행위는 매우 이질적으로 나타나는 것이 보통이다. 즉, 하층계급으로부터 이동된 중간계급의 경우는 과거의 신분적 아비투스가 그대로 잔존하여 비록 경제적으로는 상승된 자본의 혜택을 받고 있지만, 문화적 차원에서는 여전히 노동자의 의식을 가지고 행동하는가 하면, 상층부에서 이동한 중간계급의 경우에는 이와는 정반대의 행동이 나타날 수 있다. 물론 하층부에서 중간계급으로 이동한 계급인 경우, 상층계급으로 이동하고자 하는 이른바 성공 지향성이 더욱 강하게 작용한다면 정상적인 중간계급의 정치적 성향보다 오히려 더 과격한 보수 성향을 보일 가능성도 있다. 이러한 설명들을 통해서 볼 때 중간계급의 정치적 성향을 일률적으로 판단하는 것은 매우 위험스러우며, 그 심층적인 이유가 경제적인 논리에 있다기보다는 문화적 원인에서 유래한다는 점을 알 수 있다.

이것은 한국의 변혁 주체를 가늠함에 있어서 여러 가지 함의를 준다. 1990년대 이후 한국사회에서 널리 확산되어간 시민운동론의 이론적 자원 중에는 중간계급의 변혁 가능성을 크게 강조한 이른바 '중민이론'이 존재하는데, 한국의 중간계급의 위치를 설정함에 있어서 경제력만이 중요한 척도로 사용되었다고 한다면, 과연 그들의 정치적 성향이 기대했던 것처럼 진보적이며 개혁 지향적일 수 있을 것인가에 대해서 대단히 신중하지 않을 수 없을 것이다. 필자는 종종 현대의 한국사회가 요구하는 새로운 사회변혁의 논리로서 문화운동이 필요하며, 이것은 궁극적으로 문화민주주의를 지향하는 전략적 실천이라는 입장을 밝히는 글을 쓴 적이 있는데(「한국 정치와 계급분석 : 참여정부시대의 문화민주주의론」, 『비평』, 2003년 여름

호), 이때 문화운동 혹은 문화민주주의는 바로 동일선상에 놓여 있는 중간계급의 분포에서 이질적인 정치적 성향을 보이고 있는 다양한 사회적 부류를 일정한 진보정치의 목표로 조율해 가는 사회적 기제가 필요하다는 뜻에서 사용해본 용어들이다. 이렇게 놓고 보면, 필자의 문화운동론은 시민사회론의 연장선에 있으며, 일정 부분 중민이론이 가지고 있는 중간계급에 대한 기대감마저 공유하고 있다고 하겠다.

사실 문화연구라는 단어가 범람하고 있는 현실에서 문화민주주의나 문화운동이라는 용어를 사용함으로써 의미의 혼란이 오히려 가중될 소지도 없지 않으나, 적어도 부르디외적 의미에서 문화운동이란 동일한 경제적 위치를 점유하고 있는 사회적 집단 내에서 정치적 진보와 보수의 대립을 해소하고, 개혁적 아비투스를 만들어내기 위한 실천전략과 맞물려 있다고 요약해볼 수 있겠다.

셋째, 자본을 통해서 이윤이 발생하기 위해서는 계급 상호 간에 자본에 대한 인정(reconnaissance)이 존재해야 한다. 적어도 부르디외의 사회 모델에서는 경제적 자본이 이윤을 창출하기 위해서는 반드시 문화적 자본이나 상징적 자본이 동시에 작동해야만 한다. 특히 근대사회에서 자본의 가치에 대한 상호인정이 중요한 까닭은 자본에 대한 객관화 혹은 제도화가 수행되고 있고, 자본의 이윤은 이러한 객관화된 제도를 통해서 보장되기 때문이다. 국가의 역할 중에서 빼놓을 수 없는 것 중의 하나가 바로 다양한 자본의 가치에 대해서 인증(verdict)

을 부여하는 행위이며, 이처럼 국가에 의해서 인증받은 제도화된 자본의 전형적인 예가 바로 학력자본, 즉 학위이다. 사실 타인의 인정을 받아야만 경제적 가치가 발생한다는 면에서 보면 교육 자격증만큼 국가의 인증을 필요로 하는 부분도 없다. 이러한 관점에서 보면 국가를 물리력의 합법적 독점으로 정의내린 베버식의 개념정의를 대신하여, 국가란 상징적 자본의 합법적 독점체라고 바꾸어볼 수 있을 것이다.

사실 국가론에 대한 부르디외의 본격적인 연구작업은 눈에 띄지 않는다. 다만 부르디외의 자본 개념이나 문화적 인증 문제를 두고 볼 때, 그가 던진 연구 주제들이 문화론적 관점에서 현대 국가론을 새롭게 조명해볼 수 있는 가능성을 열어두고 있다는 점은 분명하다. 필자의 공부가 짧고, 내공이 부족하니 여기서는 잠정적으로 시카코 대학의 역사학과 교수 스타인메츠(Steinmetz)가 편집한 『국가와 문화 *state and culture*』에서 부르디외를 근대국가의 형성 과정을 문화론적인 입장에서 연구한 대표적인 학자로 분류하고 있다는 정보를 전달하고, 나머지 연구의 몫은 독자들에게 남겨두기로 하자. 사실 이 책에서는 다양한 성격과 주제를 가지고 있는 연구자들의 업적들이 비교되고 있고, 또한 전통적인 서유럽의 연구결과뿐만 아니라 제3세계 국가들의 형성 과정을 설명하는 글들이 모아져 있어 한국의 국가론을 연구하는 데 그 자체로서도 많은 시사점을 주고 있다.

여기서 필자의 직감을 과감하게 밝혀보면, 부르디외가 개발

해낸 문화론적인 시각은 현재 국제정치 분야에서 일고 있는 정보통신기술의 발달에 따른 국제정치 질서의 변화를 설명하는 데 매우 유용하게 활용될 수 있다. 예를 들어 정보통신기술의 발달이 가져온 가장 큰 변화는 결국 지식이 권력의 대상이 되었다는 사실에 있으며, 이것은 군사력이나 경제력을 능가하는 이른바 연성권력(soft power)의 대표적인 사례라고 할 수 있다. 그렇다면 오늘날 국제정치 무대에서 지식의 유통 과정을 통제하는 핵심 주체가 누구이며, 이것은 과거 군사력이나 경제력을 통제하던 관례와는 어떻게 성격이 다르고, 나아가 각국의 외교정책이나 국가이익을 결정하는 데 이것이 어떠한 영향을 주고 있는가를 파악하는 작업이 필요할 것이다. 이때 부르디외의 실증작업들은 어렵지 않게 국제정치 분야에도 적용될 수 있다고 필자는 생각하는 바이다. 더구나 최근 미국의 국제정치학계에서 진보적인 이론가들이 중심이 되어 발간하는 국제정치 전문잡지의 경향을 보면 문화연구의 주제가 본격적으로 등장하고 있으며, 그 이론의 내용들 중 상당 부분이 부르디외를 비롯한 사회학자나 영국의 문화론자의 영향을 받고 있다. 미국이 만들어놓은 이론에 한국의 사례를 그대로 적용하던 원시적인 단계를 벗어나 스스로 한국의 국제정치이론을 만들어내기 위한 각성이 필요한 시기이다.

장이론과 정치변동론

이처럼 확대된 자본과 사회공간의 개념을 근거로 우리는

기존의 정치변동론에 대한 이론적 한계를 극복하고 한국사회의 정치적 변화의 논리를 보다 정교하게 설명할 수 있게 된다. 필자는 이것이 기존의 미국식 정치변동론과는 사뭇 다른 내용을 담고 있으며, 한국의 정치변동론을 설명하는 데 기왕의 이론들이 노정시켰던 이론적 결함을 일정 부분 해결해내고 있다고 평가하는 바이다. 과연 부르디외의 문제의식이 어떠한 점에서 기존 학계의 정치변동론과 차별성을 보이는가를 알아보기 위해서 그동안 진행되어왔던 정치변동론의 이론사를 잠시 더듬어보자.

대체로 한국의 정치학과에서는 비교정치학의 하위 단위로서 정치변동론을 다루어왔으며, 이때 학과목의 내용은 제3세계에서 권위주의 정권이 민주화되는 과정을 설명하는 데 초점을 맞추는 것이 일반적이었다. 이러한 의미에서 필자는 정치변동론을 이른바 정치발전론보다 포괄적인 개념으로 파악하고자 한다. 그 이유는 발전론이 서유럽이나 미국의 경제발전과 정치적 이행 과정을 제3세계에 독보적인 것으로 강요하는 이론적 편향을 완전히 벗어났다고 보기가 어렵기 때문이다.

정치변동론의 학문적 관심사가 민주화의 문제와 밀접하게 연결되고 있다고 할 때, 이러한 두 변수 간의 상관성을 설명하는 이론 가운데 가장 주목을 받았던 것이 바로 1960년대를 풍미했던 근대화론이다. 립셋(Lipset)은 그의 대표적인 논문인「민주주의를 위한 사회적 조건들 : 경제발전과 정치적 정통성 Some Social Requisites of Democracy : Economic Development and Political Legitimacy」에서 경제성장의 단계와 민주주의가 정의 상관관계를 가지고 있다고 파악하고, 이것을 증명하기 위해서 주로 통신수단과 교육 그리고 중간계급의 성장 등을 양적 지표로 지수화하여 각국의 민주화 척도를 만들어낸 바 있다. 또한 알몬드(Almond)와 버바(Verba)는 『시민문화론 *Civic Culture*』에서, 정치발전에 상응하는 시민들의 정치행위유형을 분류하여, 향리형, 신민형, 참여형 등으로 분류한 바 있으며, 정치발전 단계와 개인들의 행위유형에 일정한 상관관계가 있음을 주장한 바 있다.

그러나 이러한 근대화론은 많은 비판을 받게 된다. 우선 한 사회의 정치변동을 경제성장과 같은 단일 변수로 설명한다는 것은 상식적인 수준에도 부합하지 않으며, 게다가 정치변동이란 통합이 아니라 갈등의 차원에서 시작된다는 주장이 강하게 제기되었기 때문이다. 또한 근대화론은 경제발전 혹은 개인의 행위라는 이중구조에서 각기 하나의 변수에 초점을 맞추고 있는데, 이러한 구조적 변수와 미시적 변수는 별개의 것이라기보다는 정치변동을 야기하는 통일된 변수로 종합되어야 한다는 방법론적 비판이 제기되었다. 그리고 마지막으로 국내 변수만이 아니라 외세의 영향력이 일국의 정치변동에 어떠한 영향을 주는가를 고려해야만 한다는 필요성이 강력하게 대두되었다. 특히 한국과 같은 상황에서 서구열강의 외생 변수가 국내 정치의 판도를 크게 변화시키고 있는 만큼 한국 정치변동을 설명함에 있어서 이 문제는 대단히 시급한 학문적 요구였다.

이러한 비판에 대한 대답으로 등장한 것이 종속이론, 마르크스주의 국가론, 과대성장 국가론, 관료적 권위주의 모델, 조합주의론, 사회혁명론 등이다. 그런데 필자는 위에서 지적했던 이론적 요구들을 충족시키면서 한국의 정치변동을 설명함에 있어서 유용하게 활용되었던 이론적 자원으로, 오도넬(G.A. O'Donnell)의 관료적 권위주의 모델과 베링턴 무어(Barrington Moore)의 『독재와 민주주의의 사회적 기원』을 꼽고 싶다.

오도넬에 따르면 관료주의적 권위주의 국가란 외국자본에 의존하고 있는 관료와 지주의 경제적 이해관계를 지켜내기 위해서 민중의 민주적 요구를 억압하는 일종의 위기관리체계에 불과하다. 그런데 이러한 국가는 정권의 지지기반이 외국자본에 크게 의존하고 있기 때문에, 대단히 폭력적인 모습을 나타내지만 수행 능력은 현저히 떨어질 수밖에 없다. 이러한 오도넬의 시각은 박정희 정권의 산업화 추진 과정과 유신독재정권의 성립을 설명하는 데 일정 부분 응용된 바 있다. 즉, 박정희 정권 시절 민주화의 요구가 억압된 이유는 경제발전의 심화 단계에서 수입 대체 산업을 극복하지 못했던 산업구조와 밀접한 연관이 있다는 것이다. 또한 박정희 정권이 추진했던 산업화 정책은 기본적으로 수출 주도 산업을 육성하는 것으로서, 이것은 미국의 경제구조와 밀접하게 연결되지 않을 수 없었다는 점에서 국내 정치가 어떠한 방식으로 미국이라는 외생 변수에 연계되는지를 설명하는 데에도 일정 부분 설득력이 있었다.

그런데 오도넬 이론의 한계는 유신정권의 발전주의 전략을 지지했던 세력이 누구이며, 이들이 다른 시민계급과는 어떠한 갈등관계를 유지했는가를 설명해내지 못한다는 것이었다. 이러한 비판의 대목에 배링턴 무어의 역사분석이 주목받을 만했다.

무어의 이론에 있어서 체제유형의 변화는 초기 근대화의 방식이 결정한다. 즉, 농업이 상업으로 전환되는 시기에 토지귀족이나 신흥 부르주아 또는 농민들이 국가권력과 어떠한 관계를 맺는가와, 이때 국가는 피지배계급에 대하여 어떤 정책을 기조로 삼았는가라는 점이 결정적이다. 서유럽의 근대화과정에서 영국의 경우는 신흥 부르주아가 상업적 농업을 주도하면서 전통적인 지주계급이나 왕권과 쉽게 타협해 민주화로의 이행이 매우 순조로웠던 반면, 프랑스의 경우는 도시 부르주아와 농촌의 자영농이 한패가 되어 왕권과 결탁된 지주계급과 치열한 주도권 싸움을 벌이게 된다. 이러한 영국과 프랑스의 계급동맹의 차이는 서유럽 정치사에서 뚜렷하게 비교된다. 예를 들어 영국의 경우는 1688년 명예혁명 이후 정치적 격변 없이 보수적 민주주의로 안착했던 반면, 프랑스의 경우는 1789년 대혁명 이후에도 여러 차례에 걸친 왕정복고와 노동혁명의 과정을 거쳐야만 했던 것이다.

계급동맹과 국가의 정책에 주목한 무어의 문제의식은 그 이후의 학자들에 의해서 보다 세련되어졌는바, 그 대표적인 저작이 바로 뤼시마이어(D. Rueschmeyer)가 편집한 『자본주의 발전과 민주주의』이며, 이 책을 통해서 우리는 국가의 자율성 정도, 국가와 시민사회의 관계, 초국가적 권력의 존재 여부라는 설명도식을 완성하게 되었고, 그 안에서 계급이익이 사회적으로 어떻게 구성되는가를 알 수 있게 되었다. 바로 이때부터 민주화로의 이행은 복선적이며 그 결과 또한 매우 상이하다는 믿음이 학계에서 자리를 잡아가게 되었다.

지금까지가 기존의 학계에서 축적해놓은 정치변동론의 이론적 성과라고 할 수 있다. 그러나 여전히 문제는 남아 있다. 즉, 개인들의 계급적 행동이 사회적 구조와 맞물려 나타나는 다양한 변수들을 어떻게 설명해낼 수 있는가는 무어나 뤼시마이어의 이론에서도 만족스럽지 못하게 남아 있기 때문이다. 이른바 위에서 제기된 거시-미시의 연계를 통한 정치변동의 다이내믹스를 포착하는 과제가 여전히 미흡하다는 것인데, 이것을 해결하기 위해서는 계급투쟁을 둘러싼 사회구조적 여건과 개인들의 행위논리에 대한 정교한 이론화 작업이 요구된다. 더구나 한국 현대사의 정치변동 과정을 음미해보면 경제적 변수나 외삽된 국가체제의 영향력이 국내 정치에서 노동계급이나 중산계급을 만들어내고, 이들이 역으로 국가권력에 대하여 도전하는 과정이 중요한 변수로 작동하고 있었던 만큼, 우리는 계급의 형성 과정, 계급의 정치적 이익표출의 과정 등이 한국의 정치구조와 어떻게 연계되고 있는가를 밝혀내야 하는 과제를 안고 있는 것이다. 여기에서 바로 부르디외의 장이론과 계급 개념이 새로운 이론의 지평을 열고 있다.

그런데 부르디외의 논리틀에 근거하여 한국의 정치변동을 이해하기 위해서는 무엇보다도 먼저 국가나 사회를 다양한 사회세력과 권력의 주체들이 교차하는 조합(combination) 혹은 그물망으로 바라볼 수 있는 인식론적 전환이 필요하다. 이러한 인식론적 전제를 인정할 경우 한국사회를 구성하는 기본 단위로 경제, 국가, 정치, 문화와 같은 요인들을 꼽을 수 있게 되는데, 이것은 한국사회를 구성하는 지역화된 장(champ)이라고 해석할 수 있다. 이때 정치변동이란 이러한 요인들이 자신들의 조합을 바꾸어 기존의 연계망을 다른 형태의 그물망으로 변동시켜가는 과정이라고 생각해볼 수 있을 것이다. 즉, 부르디외 식으로 말한다면, 각각의 장이 만들어낸 사회적 조합의 형태가 변화하여 새로운 장의 전환이 일어나는 것이다.

한편 이러한 장의 변환이 가능하기 위해서는 개인적인 차원에서 계급의식의 변환과 그에 상응하는 정치적 행위표출이 반드시 동행되어야 한다. 그런데 부르디외의 이론틀에서는 장의 변화와 개인적 차원의 미시적 변화는 거의 동시적이다. 전자와 후자 사이에는 아무런 규정성도 없는 것이다. 자본주의사회에 기계적으로 상응하는 지배계급의 의식과 노동자의 의식이 전제되어 있다기보다는 주어진 상황에서 유동적으로 발생하는 감성과 의지의 조합이 일정 시점에서 정치변동을 유발하는 중요한 계기가 된다. 예를 들어 1970년대 유신정권 하의 부마사태와 1987년 6월 항쟁의 경우를 비교해보자. 사실 경제적 모순이나 정치의 정당성 상실이라는 기준으로 보면 두 가지 사건의 경우 모두 동일한 규모의 저항세력이 조직되어야 마땅했지만, 실제로 정치상황에서의 결과는 전혀 다르게 나타났다.

그렇다면 객관적으로 설정된 계급들이 예상과는 다른 정치적 행동을 표현하는 이유는 무엇인가? 개인들의 정치적 행위는 어느 정도 지배적인 사회구조와 관련을 맺게 되는가? 사실이 질문은 한국의 정치변동을 설명함에 있어서 대단히 중요한 것이었음에도 불구하고, 지금까지 학계에서는 큰 주목을 받지 못했다. 그런데 우리는 부르디외를 통해서 이러한 의문을 일정 부분 설명할 수 있다.

우선 이러한 현상을 이해하기 위해서는 객관적으로 정해진 계급위치와 개인들의 정치적 의사표현이 반드시 일치하지 않을 수 있다는 점을 인정해야만 한다. 생각이 여기에 이르면 물질적 토대와 정치행위 사이에 주관적 계급이라는 개념을 설정해볼 수 있고, 이것을 그림으로 비교해보면 다음과 같다.

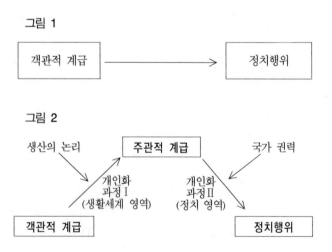

그림 1

| 객관적 계급 | ⟶ | 정치행위 |

그림 2

생산의 논리 　　　주관적 계급　　　 국가 권력
개인화 과정 Ⅰ (생활세계 영역)　　개인화 과정 Ⅱ (정치 영역)
객관적 계급　　　　　　　　　　정치행위

그림 1은 객관적 계급을 통해서 동일한 조건에 처해 있는 사람들이 동일한 성향과 가치체계를 가지게 될 것이며, 이것이 정치행위로 표현될 가능성도 높을 것이라는 고전적인 계급 모델을 보여준다. 아마도 1980년대에 진행된 한국사회의 계급 연구가 여기에 해당한다고 할 수 있다. 그러나 행위자들이 사회공간 내에서 머무는 위치만을 설정하는 것으로 정치행동의 유형을 판단할 수는 없다. 즉, 계급은 물질적인 토대를 근거로 실재하는 경우보다 사회적 관계 속에서 구성되는 경우가 많으며, 따라서 우리는 일정한 계급적 위치로 분류되는 것과 그러한 범주에 있는 사람들이 개별적으로 자신의 정치적 의견을 표현해내는 기제가 전혀 다르다는 것을 설명할 수 있어야 한다.

우선 그림 2를 보자. 객관적 계급에서 주관적 계급으로 향하는 첫 번째 화살표 방향을 개인화 과정 I이라고 하면, 주관적 계급에서 정치행위로 이어지는 화살표 부분은 개인화 과정 II라고 분류할 수 있겠다. 개인화 과정 I과 개인화 과정 II를 각각 생활세계 영역(사적 영역)과 정치 영역(공적 영역)으로 나눌 수 있는데, 이것은 외부적 요인의 내재화(interiorisation)와 내재화된 가치관의 외재화(exteriorization) 과정이 구분되어 설명되어야만 계급의 위치와 기대되는 정치행위의 불일치를 설명해낼 수 있음을 의미한다.

한국에서 개인화 과정이 보이지 않게 국가권력구조와 밀접하게 연결되고 있다는 점에 착안하여, 필자는 넓은 의미에서의 문화매체(교육기관, 언론, 인터넷)를 통해서 보급되고 유통

되는 지식의 움직임이 개인의 정치적 성향과 가치관에 어떠한 영향을 주는가를 정교하게 분석해야 한다고 본다. 여기에는 기호학과 같은 미시적 분석기법으로부터, 해방 이후 한국사회를 주도했던 정치 패러다임에 대한 지식의 계보학이나, 외국으로부터 유래하여 끊임없이 한국사회의 정치분석에 모델이 되고 있는 서양의 정치학적 지식에 대한 텍스트 분석에 이르기까지 다양한 분석의 차원이 동원되어야 한다. 이러한 필자의 생각에는 결국 지식(언어)이 개인의 정치적 판단을 형성하는 데 결정적 역할을 한다는 학문적 직관이 깔려 있음을 밝혀 둔다.

이처럼 부르디외의 이론틀은 한국 정치변동의 주요한 계기를 설명하는 데 매우 유용하며, 특히 지난 대선을 통해서 극명하게 드러났던 세대 간의 서로 다른 가치관이 한국 정치의 변화 과정에 어떻게 영향을 줄 수 있는가를 추적하는 데에도 많은 도움을 준다고 생각한다.

평가와 전망

그렇다면 그의 학문적 성과는 어떻게 판단될 수 있는가? 우선 부르디외가 남긴 학문적 공과를 평가하는 방법은 크게 보아 세 가지 수준에서 가능해 보인다. 첫째는 사회과학 방법론의 차원에서 주목하여 공과를 논하고, 둘째는 인식론적 차원에서 주체형성에 대한 철학적 입장을 정리해보는 방법이며, 세 번째는 그의 학문적 성격이나 실천적 지식인의 면모를 좌파 전통에서 평가해보는 방법이다.

방법론의 관점에 따른 평가

첫째로 사회과학 방법론적 차원에서 보면 부르디외 사회학은 주체와 구조의 변증법적 종합을 이루어내야 한다는 과제를 성공적으로 수행했다는 점에서 그 학문적 공헌을 인정할 수 있다. 지금까지 사회과학이 사회현상을 분석하는 데 동원했던 시각은 크게 보아, 개인의 미시적인 행위 과정에 초점을 두는 주체 중심적 방법론과 국가나 정당기관 혹은 경제구조와 같은 거시적인 요인에 초점을 두는 구조 중심적 방법론으로 나누어질 수 있다.

사회과학 방법론을 두고 이와 같은 관점의 차이가 사라지지 않았던 근본적인 이유는 구조와 거시를 동일시하고, 행위와 미시를 동일시하던 인식의 한계가 극복되지 못했기 때문이다. 따라서 구조/행위는 총체성/개인성 또는 거시/미시라는 사회적 관계의 두 수준이 아니라, 통일성 속에서 존재하는 사회적 관계의 두 양상 또는 계기로 규정될 필요가 있다. 이것을 바로 미시/거시의 교차연계라고 부를 수 있는데, 부르디외가 사용하고 있는 아비투스 개념이 바로 이러한 방법론적 과제를 해결하는 데 성공하고 있는 것이다.

인식론적 관점에 따른 평가

둘째, 인식론적 차원에서 부르디외의 학문적 성향을 연구해 보면 주체형성 과정에 대한 철학적 논쟁이 깊이 관련되어 있다는 사실을 발견하게 된다. 물론 사회학적 관점에서 보면 그의 문제의식은 계급행동의 작동방식과 사회적 영향력을 찾는 데 있다. 하지만 이러한 계급행동의 논리를 설명함에 있어서 그는 주체형성 과정에 대한 일정한 전제들을 받아들인 것으로 보이는데, 필자는 여기서 그가 메를로 퐁티의 '육체의 철학'에 대한 문제의식으로부터 크게 영향을 받았다고 평가하는 바이다.

사실 아비투스를 메를로 퐁티의 육체의 철학과 연계지우는 것은 인간의 합리성을 둘러싼 이른바 포스트모던 논쟁의 문제의식에서 보면 매우 의미심장한 해석임에 틀림없다. 우선 부르디외는 주체형성 과정을 계급지배의 문제와 관련짓고 있다는 점에서 포스트모더니즘의 논쟁에서 지루하게 반복되었던 철학적 인간학을 넘어서고 있다. 그런데 부르디외에 따르면 주체의 형성이 개인들의 합리성이나 의도적 선택에 의해서 이루어진다고 볼 수는 없는데, 그렇다면 주체형성을 설명하는 길에는 두 가지 방법이 남는다. 첫째는 사회경제구조 안에서 주체가 차지하는 위치를 살펴보는 방법이고(거시적 방법), 둘째는 구조적 효과가 개인의 의식 안으로 내면화되는 과정을 살펴보는 방법이다(미시적 방법). 적어도 부르디외는 장(champ) 이론을 도입하여 계급의 위치를 설명함으로써 개인행동의 합리성과 판단력이 사회적 구조와 연계되고 있다는 사실을 명쾌하게 보여주었다는 점에서 주체형성 과정의 거시적 설명에는 성공한 것으로 보인다. 부르디외의 논리를 유추해보면, 사회적 장의 효과는 개인의 위치에 따라 주체형성 과정이 달라질 수 있다는 점을 알려주고 있으며, 그 안에 소속된 개인들에게는 일종의 강제적 효과와도 같아, 장의 지배논리를 벗어난 일

탈적인 행위는 원초적으로 가능하지 않다는 사실을 설명해준다. 개인의 합리성은 장이 허락하는 절차의 범위 안에서 일정한 이해관계를 실현하기 위한 전략의 선택에 한정된다. 이것을 확대해석해보면 하버마스가 강조했던 '공공 영역'이 공허한 구호에 지나지 않으며, 개인의 의사소통적 합리성에 기반하여 새로운 사회변혁을 시도했던 기왕의 작업들, 예컨대 시민사회론들도 사실은 대단히 불충분한 이론적 기반에서 출발하고 있다는 비판이 가능해진다.

마르크시즘 전통에 따른 평가

좌파 전통에서 부르디외는 과연 어떤 위치에 있는지를 알아보자. 부르디외와 마르크시즘과의 관계설정을 가늠해보기 위해서는 과연 그가 사회변혁의 가능성을 어느 정도 인정하고 있는가를 살펴보는 것이 중요하다. 이를 위해서는 상징적 폭력 개념을 중심으로 마르크스와 부르디외, 알튀세와 부르디외를 비교해보는 것이 유용해 보인다.

우선 마르크스와 부르디외의 입장 차이를 견주어보자. 모든 사람들이 동의하는 것은 아니겠지만, 마르크스의 문제의식은 두 가지로 요약할 수 있을 것이다. 첫째는 자본주의사회 안에서 민주정치란 일반 대중에게 투표권이 주어졌다고 할지라도 근본적으로 부르주아 헤게모니 안에서 이루어지고 있다는 점에서 전체 인민을 위한 것이 아니며, 따라서 의회민주주의는 궁극적으로 계급투쟁을 통해서 전복되어야 할 대상이다. 둘째로 자본주의사회의 정치적 불평등은 근원적으로 경제적 기반으로부터 유래하는 것으로, 이러한 사회적 모순을 해결하기 위해서는 프롤레타리아트를 중심으로 한 혁명을 수행하여 자본주의 경제 시스템을 전복하고 사회주의체제로 이행해야 한다. 이 대목에서 마르크스의 사상으로부터 두 가지 핵심 개념을 추출해낼 수 있는데, 첫 번째 내용과 관련해서는 이데올로기 개념이 중요하고, 두 번째 내용과 관련해서는 물신숭배 개념이 주목을 받을 만하다. 전자가 주로 개인의식의 전도현상을 다루고 있다면, 후자는 자본주의체제 내에서 상품들의 기호학적 배치를 문제시하고 있는 개념이다.

여기서 우리는 한 가지 사실에 주목해야 한다. 도대체 왜 현대의 노동자들은 좌파 운동권에서 멀어지고 있으며, 계급투쟁의 노선을 지지하지 않게 되는 것일까? 1968년 파리의 5월 혁명은 더 이상 노동자들이 사회운동의 중심에 있지 않으며, 자본주의의 경제 시스템을 바꾸는 것이 사회혁명의 주요한 목표가 아니라는 사실을 입증해주었다. 따라서 이 당시 좌파 지식인들은 무엇보다도 노동자나 일반 대중들이 계급적 착취현상에 둔감해지면서 점차로 부르주아 정치권에 포섭되어가는 과정을 설명해내야만 했다.

이러한 서구 좌파의 이론적 딜레마는 한국사회에서도 여전히 학문적 의미를 상실하지 않은 채 남아 있다. 예컨대 울산이나 창원에서는 5월 춘투기에 강력한 노동운동이 전개되곤 한다. 그런데 그 지역에서 지역구 총선이나 자치단체장 선거가 있게 되면, 노동자들을 대표하는 민주노동당의 후보들이 거의 전멸하고 오히려 부르주아를 대표하는 그 지역의 명망가가 당선되는 일을 종종 목격하게 된다. 도대체 왜 이런 현상이 일어나는 것일까? 과연 한국 정치는 고전적인 마르크시즘의 계급 모델을 근거로 설명될 수 있을 것인가?

여기서 부르디외의 문화분석이 좌파의 지적 전통에서 중요한 의미를 갖게 된다. 우선 부르디외의 문화분석과 상징적 폭력의 개념적 가치를 이해하기 위해서는 1960년대라는 시대적 상황을 알아보아야 한다. 1960년대는 서구 유럽사회가 이른바 대량 소비사회로 진입한 시기이며, 이때부터 일반 대중들은 부르주아들처럼 자동차와 텔레비전을 소유하게 되었고, 여름 바캉스 철이면 지중해변으로 휴가를 떠날 수 있는 생활방식이 형성되기 시작한다. 다시 말해 소비의 양식이 일상생활에서 계급의식을 결정하는 데 대단히 중요한 역할을 하게 된 것이다. 이러한 생활세계의 변화는 두 가지 차원에서 정치적 의미를 갖는다. 첫째는 노동자들 자신이 스스로를 피지배자로 인식하기보다는 문화적 혜택을 누리는 계급으로 오인하기 시작했다는 사실이며, 둘째는 공적 영역에만 한정되었던 정치의 의미 영역이 이 시기를 전후로 하여 사적 영역으로까지 확대되기에 이르렀다는 것이다. 물론 이러한 두 가지 현상은 동전의 앞뒤와 같이 동시에 전개되었지만, 분석의 편의상 두 가지 과정으로 나누어볼 수 있다는 것이다.

이러한 문제의식은 한국의 정치상황을 설명하는 데에도 몇 가지 학문적 함의를 갖는다. 첫째는 기왕의 사회학적 계급분석론이 경제력을 기반으로 하여 개인의 계급적 위치(직업적 위치)를 결정하는 데 강조점을 두어왔다면, 오늘날 한국 정치는 그렇게 결정된 계급적 위치에서 예상되는 행위결과가 왜 나타나지 않는가를 발견해내야만 한다. 둘째는 개인의 계급적 위치라는 경제적 변수와 정치행위라는 미시적 차원이 서로 상응하지 않는다는 점에 주목하여 이러한 두 변수 사이의 조응성과 이질성을 설명해내야 한다. 셋째, 새롭게 변모된 계급이론을 근거로 한국 정치가 지향해야 할 민주화의 내용을 다시 한번 사고해내야 한다. 즉, 1980년대의 민중민주주의론, 1990년대의 시민사회론이 모두 일정한 계급 모델을 근거로 우리 사회의 변혁운동을 이끌어왔다면, 이제는 수정된 계급 모델에 기반하여 한국 민주화의 구체적인 내용을 점검해보아야 한다는 것이다.

필자는 1990년대 이후 형식적 민주화가 성공했다고 평가하며, 이제부터 우리 사회가 달성해야 할 정치적 목표는 '실질적 민주화'라고 생각한다. 그리고 이것을 달성하는 작업 과정을 통칭하여 문화민주주의라고 개념화해보고자 한다.

그리하여 사회변혁을 모색하는 사회과학의 분석 대상이 달라진다. 즉, 과거에는 투표행위나 노동자들의 파업 등이 학문적으로 관심을 끄는 대상이었다면, 이 시기부터는 음식을 먹거나, 옷을 사 입고, 음악을 들으며, 영화를 보는 행동 등이 사회학적 계급분석의 중요한 대상이 된다. 왜냐하면 이러한 사적 행동들은 겉으로 보면 대단히 개인적인 취향이라고 생각하기 쉽지만, 사실은 그 안에 개인들의 욕망을 지배하고, 정치적 가치관을 일정 방향으로 유도하는 부르주아의 문화적 지배논리가 작동하고 있기 때문이다. 다시 말해 마르크스의 이데올로기나 물신숭배 개념이 물질적 착취라는 사고에서 출발한 개념이라고 한다면, 부르디외의 상징적 폭력은 부르주아의 문화적 지배라는 문제의식에서 출발한 것이다. 한편, 마르크스에게 사회변혁이 경제구조를 바꾸는 것이라고 한다면, 부르디외에게서는 문화적 취향을 바꾸는 것이라고 도식화해볼 수 있다. 그런데 자본주의 경제구조를 대신할 수 있는 사회체제가 사회주의라고 한다면, 과연 자본주의사회에서 부르주아의 문화적 지배에서 벗어난 해방된 개인의 욕망과 습관이란 무엇인지, 그것을 획득하는 과정이 어떻게 가능한지를 쉽게 말할 수 있는 이는 없을 것이다.

이러한 맥락에서 보면 욕망이란 문제설정은 부르디외에게만 고유한 것은 아니다. 이른바 68세대의 학자라고 불리는 푸코, 들뢰즈 등에서도 이러한 문제틀이 그대로 나타나고 있다. 그런데 부르디외는 욕망이라는 대상에 대해 지배의 내면화 효과를 강조하고 있다는 점에서 푸코나 들뢰즈와는 학문적 관심사가 약간 다르다. 적어도 부르디외에게는 개인들의 심성이나 사회적 무의식 따위가 시민사회나 국가의 역할보다 중요한 것으로 부각되고 있는 것이다. 그래서 부르디외를 평가하는 글 중에는 피아제(Piaget), 비트겐슈타인(Wittgenstein), 페브런(Veblen) 등을 그와 견주는 경우가 종종 있다.

그런데 부르디외는 상징적 폭력의 개념을 설명하면서 지배의 효과를 내면화하는 피지배자의 인정(reconnaissance) 메커니즘을 여러 차례 강조했음에도 불구하고, 실제로는 미시적 관점에서 외부구조의 효과가 개인의 의식 안으로 내면화하는 주체형성 과정 대해서는 만족할 만한 설명을 해본 일이 없다. 부르디외의 이론틀 안에서는 개인의 이성적 능력을 근거로 하는 사회변혁의 가능성을 찾는 일이 어려운 것이다. 그에게 주체형성에 대한 미시적 설명이 상대적으로 부족한 것은, 행위 주체의 변화보다는 역시 구조적인 변동이 사회변혁의 원동력이라 생각한 것이라고 유추해석해볼 수 있을 것이다. 이러한 이유로 해서 부르디외는 구조주의를 비판했음에도 불구하고 구조주의를 완벽하게 넘어서지 못했다는 비판을 듣기도 한다.

부르디외를 알튀세와 비교해볼 만한 대목이 바로 이 지점이다. 부르디외는 지배의 효과를 항상 상징적(symbolique)이라고 표현한다. 마르크스의 문제틀에서 부르디외가 생각하고 있는 지배의 형태를 새롭게 질문해본다면 '프롤레타리아(피지배자)가 어떻게 불평등한 현실을 정상적인 것으로 내면화하고 받아들이는가?'로 바꾸어볼 수 있다. 그의 문맥에서 보면 이것은 지배의 효과가 피지배자의 권력에 대한 몰인정(méconnaissance)에서부터 유래하는 것으로 이해될 수 있는데, 이 부분이 바로 주체형성의 과정을 추적해볼 수 있는 단서가 된다. 즉, 지배의 효과가 내면화되어 권력의 존재자체를 인식하지 못하는 단계(몰인정하는 단계)가 어떻게 가능한가에 대한 설명을 제시해야 한다.

부르디외에게 있어서 지배의 내면화 과정은 주체의 사회화 과정을 설명하는 데서 찾아질 수 있다. 프랑스 교육 시스템에 존재하는 교사와 학생들 사이의 불평등한 계급차별에 대한 연구를 근거로 해보면(『재생산』『귀족국가』), 학생들의 언행이나 글쓰기의 양식을 평가하는 교사의 상징적 권력이 개별 학생들의 이해관계와 덕성을 변화시키면서, 이것이 궁극적으로 개인의 아비투스를 형성한다. 이러한 맥락에서라면 개인의 주체화 과정은 사회적 분류(classement social)와 연결되는 것이라고 할 수 있다. 이것은 마치 모스와 뒤르카임이 원시부족사회에서 집단정신을 사회적 범주화의 논리에 의해서 설명한 것과 대단히 유사하다.

그렇다면 알튀세는 주체형성 과정을 어떻게 설명했는가? 그에게도 지배의 효과에 대한 몰인정의 문제설정이 존재한다. 그런데 그는 이 문제를 설명하기 위해서 라캉의 정신분석을 끌어들인다. 알튀세는 개인이 생산의 주체일 뿐만 아니라 이데올로기에 의해서 호명되는 주체라고 본다. 바꾸어 말하면, 주체형성 과정에는 물적 토대를 근거로 하는 생산력의 논리와 이데올로기적 종속을 통한 심리적 요인이 동시에 작동한다는 것이다. 알튀세는 주체형성 과정을 이데올로기 국가기구와 관련지었다는 점에서 거시적 방법으로 주체의 문제를 설명하려고 시도했을 뿐만 아니라, '호명효과'라는 정신분석학적 작업을 적극 수용함으로써 미시적 방법으로 주체형성을 설명하는 길을 열어놓았다고 할 수 있다.

알튀세에 따르면 인간이 현실에 접근하기 위해서는 항상 대문자로서의 상징(Symbolique)의 매개가 필요하다. 이러한 사실을 지배효과와 연결지으면 권력에 대한 인정/몰인정을 생산해내는 것은 바로 상징의 매개작용이라고 요약할 수 있다. 이러한 의미에서 인간과 현실세계는 상상적(imaginaire) 관계를 맺는다. 물론 상상적 관계는 인간과 대상 사이에만 국한되지 않는다. 주체의 형성은 타자와의 관계를 통해 결정된다는 것이 라캉 정신분석학의 주요한 테마이며, 이러한 맥락을 그대로 따르고 있는 알튀세는 대문자 상징을 바로 타자라고 생각한다. 즉, 주체는 대문자 주체(Sujet)가 생산해내는 상상적 자아와 다르지 않다. 다만 알튀세의 이론적 한계는 상징적 질서가 다양하며 그에 따른 주체의 형성 과정 또한 문화적 상황에 따라서 여러 가지 형태가 있을 수 있다는 점을 포착하지 못하고만 데 있다.

이제 부르디외와 알튀세의 이론적 공과를 평가해보자. 부르디외가 현대사회의 문화적 질서를 사회학적으로 분석한 것은 생활세계의 다양성을 통해서 주체형성의 과정이 복수적이라는 사실을 밝힌 것이라고 볼 수 있으며, 이러한 관점에서라면 그는 알튀세의 이론적 약점을 넘어서고 있다. 그러나 주체형성을 외부세계의 내면화(intériorisation)와 내면화된 의식의 외부화(extériorisation)라는 이중구조로 나누어볼 때 부르디외에게는 의식의 외부화(이것이 바로 아비투스이다)가 강조된 반면,

외부세계의 내면화 과정은 알튀세에 비하여 상대적으로 소홀하게 취급되고 있다. 그 결과로 부르디외에게서 지배의 효과를 당연하게 받아들이는 주체의 모습 이외에 저항하는 주체의 모습은 찾을 수 없게 된다. 흔히들 알튀세의 주체는 구조주의에 매몰되어 저항의 실체를 찾을 수 없다고 비판하지만, 그가 스피노자 철학에 기대어 저항하는 집단적 주체를 찾으려 했음을 인식해야 한다. 알튀세에 따르면 스피노자는 근대의 부르주아 철학이 기반한 법적-이데올로기적 주체 개념을 가장 먼저 비판한 사람이며, 그를 통해 인간학적 주체를 벗어난 새로운 저항의 주체를 찾을 수 있다는 것이 바로 후기 알튀세의 생각이다. 즉, 저항하는 주체를 고려함에 있어서 부르디외는 알튀세에 뒤져 있다.

지금까지 살펴본 바와 같이 부르디외 사회학은 일견 급진적인 사고와 대단히 회의주의적인 인식의 선상에 놓여 있어, 과연 현대사회의 병리적 현상을 치유하고 미래에 대한 비전을 제시하는 데 어느 정도나 기여할 수 있을지 의심을 갖지 않을 수 없다. 그가 분석하고 있는 현대사회의 문제점들을 바라보고 있으면 과연 탈출구를 찾을 수 있을지가 분명치 않은 것이다. 그런데 부르디외는 이러한 비판에 대하여 사회학자의 임무는 현실을 이해하고 설명하는 것이지, 미래에 대한 대답을 보이는 것이 아니라고 말한다. 왜냐하면 현실에 대한 비판 그 자체로서 당대를 살아가는 학자들이나 일반 대중들은 자신이 속한 공동체에 대하여 관심을 가지게 되며, 그로부터 자신들

스스로가 문제의 해결책을 찾아갈 수 있다는 것이다. 그에게 사회 문제에 대한 정책적 해결이나 미래 사회에 대한 비전은 시대와 상황에 따라 늘 가변적이다. 따라서 학문은 마키아벨리적 처세술처럼 상황에 대한 현실주의적 해석과 그에 따른 최선의 대응에 다름 아니며, 보편적인 진리일 수는 없는 것이다. 여기서 그가 하버마스나 롤스의 철학적 담론을 비판했던 이유를 짐작할 수 있게 된다.

이러한 맥락에서 부르디외를 정당하게 평가하기 위해서는 개념보다는 오히려 그가 천착했던 다양한 문제의식을 조명해보아야 한다. 더구나 그가 관심을 보였던 다양한 문화분석의 내용들은 우리 사회를 이해하는 데에도 대단히 유용할 것이다. 그러나 이러한 응용력은 결국 부르디외의 문화분석에 관심을 가진 사람들이 직접 그의 저작을 읽고 이해하는 과정을 통해서 획득될 수밖에 없다. 따라서 개념에 대한 정리작업을 넘어서 한국사회에 대한 문화분석을 구체적으로 수행한 작업이 하루 속히 출간되기를 기대한다. 이런 점에서 보면 이 책자는 부르디외 학문에 흥미를 가진 사람들에게 보탬을 줄 수 있는 하나의 안내서일 뿐이다. 다만 이 책을 통해서 독자들 스스로가 새로운 관점을 발견하고 자신에게 필요한 문제의식을 발전시킬 수 있기를 바란다.

저자 후기

　좋은 스승을 만난다는 것은 학자로서 대단한 행운이 아닐
수 없다. 지난 10년간 나는 부르디외의 저작을 읽고 연구하면
서 학자로서의 소양을 갖추는 데 많은 도움을 얻었다. 그의 글
들은 끊임없이 나의 지적 욕구를 자극했고, 지식을 대하는 학
자의 올바른 태도에 대해서 반성하도록 일깨워주었다. 그런
의미에서 그는 나에게 좋은 지적 스파링 상대이자, 훌륭한 스
승이었음에 틀림없다. 그동안 나는 부르디외에 대한 연구논문
을 제출하여 박사학위를 취득하였고, 프랑스의 저명한 사회과
학 출판사에서 단행본을 출간하기도 했으며, 국내에 귀국해서
도 연구서적을 발행하고, 기회가 있을 때마다 강연을 했다.
　그럼에도 불구하고 나는 부르디외의 사상을 일목요연하게

설명하는 일이 얼마나 어려운가를 이번에 다시 한번 절감하지 않을 수 없었다. 부르디외에 대한 글을 쓸 때마다 그의 모습이 새롭게 보이고, 그동안 내가 무관심했던 부분들이 더욱 중요한 것으로 떠오르곤 했다. 정치이론가로서 부르디외를 규정하고 그의 문제의식과 학문의 깊이를 따라가기에는 나의 내공이 턱없이 부족했다는 것을 고백하지 않을 수 없다.

일차적으로 이러한 한계는 필자의 책임이겠지만, 한국학계의 고질적인 풍조도 문제인 것 같다. 인접 학문에 대한 경계의식이나 자리싸움 탓으로 사회과학자들이 양성되는 과정에서 인문학적 훈련이 제대로 이루어지고 있지 못하고 있는 처지여서, 우리 학계는 부르디외와 같은 무게 있는 학자의 영향력을 총체적으로 수용하고 음미하는 데 한계를 보이고 있다. 사회학자는 계급론에, 문학비평에서는 그의 작가론에 집중하여 부르디외를 이해하고 있을 뿐, 그의 이론이나 실증연구 안에 담긴 철학적 사유나 역사의식에 대해서는 대단히 무지한 형편이다. 다른 한편으로, 전통적인 것을 고집하는 보수주의 철학계에서는 부르디외의 사유체계를 철학연구의 대상으로 인정하는 데 인색하고, 문화연구 분야에서는 잽싸게 그의 이론을 이용해서 무엇을 할 수 있을지만을 물어본다. 그리고 정작 정치학에서는 그를 정치이론가로 인정하지 않는 분위기가 강하니, 나로서는 어리둥절할 뿐이다.

그래서인지 이 책을 집필하면서 나는 독자들에게 부르디외 사상의 진수를 전하려는 의무감보다는 우리 학계의 고질병을 고발해야겠다는 전략적 목표의식을 가지고 있었다. 독자들이 그의 생애나 문제의식의 범위를 접하면서 우리 학계의 문제점을 스스로 느낄 수 있기를 바란다. 아주 소박하게라도 도대체 우리의 인식을 가로지르고 있는 언어적 경계가 무엇에 의해서 결정되고 있고, 그래서 오늘날 한국사회에서 지식이 어떠한 역할을 하고 있으며, 왜 우리가 지적으로 비판적 태도를 잃지 말아야 하는가를 깨달을 수 있기를 기대한다.

아무리 세상이 천박한 시장논리에 의해서 지배된다고 하더라도, 학자에게 인문학적 사유와 사회과학적 비판의식이 없다면 그것은 이미 학자로서의 생명력을 잃은 것이다. 좌파이론의 죽음이 공공연하게 나돌고, 사상이나 이론이 무슨 필요가 있겠느냐는 비아냥거림이 판을 치는 이 시대에, 나는 역사적 안목과 이론적 깊이와 함께 사회적 비판의식을 겸비한 지식인이 많으면 많을수록 한국사회는 더욱 진보할 것이라는 믿음을 버리지 않고 지난 세월을 살아왔으며, 그런 나의 입장과 역경을 이 책에서 써 보이고 싶었다.

프랑스엔 〈크세주〉, 일본엔 〈이와나미 문고〉,
한국에는 〈살림지식총서〉가 있습니다.

📖 전자책 | 🔎 큰글자 | 🔊 오디오북

피에르 부르디외와 한국사회 이론과 현실의 비교정치학

펴낸날	초판 1쇄 2004년 3월 30일
	초판 10쇄 2024년 4월 16일

지은이	홍성민
펴낸이	심만수
펴낸곳	(주)살림출판사
출판등록	1989년 11월 1일 제9-210호

주소	경기도 파주시 광인사길 30
전화	031-955-1350 팩스 031-624-1356
홈페이지	http://www.sallimbooks.com
이메일	book@sallimbooks.com

ISBN	978-89-522-0211-6 04080
	978-89-522-0096-9 04080 (세트)

※ 값은 뒤표지에 있습니다.
※ 잘못 만들어진 책은 구입하신 서점에서 바꾸어 드립니다.